JN143961

Kenkyu Sosho No.627

ラテンアメリカの農業・食料部門の発展

バリューチェーンの統合

清水達也：著

IDE-JETRO アジア経済研究所

研究双書 No. 627

清水達也著
『ラテンアメリカの農業・食料部門の発展――バリューチェーンの統合――』

Raten-Amerika no Nogyo Shokuryo Bumon no Hatten: Baryu Chein no Togo
(Development of Agriculture and Food Sector in Latin America: Integration of Value Chains)

by

Tatsuya SHIMIZU

Contents

Introduction　Development of Agriculture Sector in Latin America

Chapter 1　Integration of Value Chains

Chapter 2　Expansion of Fresh Asparagus Exports

Chapter 3　Growth of Fresh Fruit and Vegetable Exports

Chapter 4　Change of Potato Marketing Channel for Domestic Market: Procurement of Supermarket Chains

Chapter 5　Development of Broiler Integration: Comparative Studies among Brazil, Mexico and Peru

Chapter 6　Broiler Industry in Peru: Its Growth and Integration

Conclusion　Integration of Value Chains and Development of Agriculture and Food Sector

〔Kenkyu Sosho (IDE Research Series) No. 627〕
Published by the Institute of Developing Economies, JETRO, 2017
3-2-2, Wakaba, Mihama-ku, Chiba-shi, Chiba 261-8545, Japan

目　　次

序　章　ラテンアメリカ農業の発展 …………………………………… 3
　　はじめに ………………………………………………………………… 4
　　第1節　農業部門の研究 ………………………………………………… 5
　　第2節　ペルー農業の特徴 ……………………………………………… 8
　　第3節　本書の構成 ……………………………………………………… 13

第1章　バリューチェーンの統合 ……………………………………… 17
　　はじめに ………………………………………………………………… 18
　　第1節　経済主体間の調整 ……………………………………………… 18
　　第2節　農業部門のバリューチェーン ………………………………… 24

第2章　生鮮アスパラガスの輸出拡大 ………………………………… 33
　　はじめに ………………………………………………………………… 34
　　第1節　国際市場の需給構造 …………………………………………… 35
　　第2節　缶詰アスパラガス輸出の展開 ………………………………… 38
　　第3節　生鮮アスパラガス輸出の展開 ………………………………… 41
　　第4節　アグリビジネスによる統合 …………………………………… 50
　　おわりに ………………………………………………………………… 58

第3章　青果物輸出産業の成長 ………………………………………… 61
　　はじめに ………………………………………………………………… 62
　　第1節　青果物輸出の増加 ……………………………………………… 63
　　第2節　輸出用青果物の多様化 ………………………………………… 66
　　第3節　植物検疫体制の整備 …………………………………………… 72

おわりに ………………………………………………………… 82

第4章　国内市場向けジャガイモ流通の変化
　　　　——スーパーマーケットの調達—— ………………… 87
　　はじめに ………………………………………………………… 88
　　第1節　伝統的な流通チャネル ………………………………… 89
　　第2節　生産拡大と需要の変化 ………………………………… 95
　　第3節　スーパーマーケットの流通チャネル ………………… 97
　　おわりに ……………………………………………………… 107

第5章　ブロイラーインテグレーションの発展
　　　　——ブラジル，メキシコ，ペルーの比較—— ……… 111
　　はじめに ……………………………………………………… 112
　　第1節　産業構造と統合の進展 ……………………………… 113
　　第2節　3カ国のインテグレーション ……………………… 118
　　第3節　統合の範囲と取引形態 ……………………………… 134
　　おわりに ……………………………………………………… 138

第6章　ペルーのブロイラー産業
　　　　——その成長とインテグレーションの特徴—— …… 143
　　はじめに ……………………………………………………… 144
　　第1節　需給拡大と産業の成長 ……………………………… 145
　　第2節　ブロイラー流通の特徴 ……………………………… 154
　　第3節　インテグレーションの規定要因 …………………… 159
　　おわりに ……………………………………………………… 166

終　章　バリューチェーンの統合と農業・食料部門の発展 ……… 171

あとがき ………………………………………………………… 181

参考文献 ………………………………………………………… 185
索　引 …………………………………………………………… 197

ラテンアメリカの農業・食料部門の発展

序　章

ラテンアメリカ農業の発展

生鮮輸出用ブドウ（2005年12月，ペルー・イカ州，筆者撮影）

はじめに

　2000年代以降，ラテンアメリカの農業部門は大きく発展している。国外に対しては，中国をはじめとする新興国の需要増加に加え，経済自由化や地域経済統合の進展を背景に，穀類，肉類，青果物，加工品などの生産・輸出が大きく増加した。国内では，好調な経済成長を背景とした消費者の所得向上により，消費量の増加だけでなく，質の高い農畜産品や加工食品に対する需要も増えている。これに対応して，都市部を中心に近代的な小売店舗が増加しているほか，農畜産品を調理して提供するフードサービスも拡大している。

　このように，かつては立ち後れていた経済部門とみられていた農業部門が，ラテンアメリカの経済成長を牽引する力の1つとなりつつある。これらの成長する農業部門でみられるのが，「バリューチェーン」（value chain）の統合である。

　ラテンアメリカの農業部門についてはこれまで，一次産品輸出経済論に代表されるように，農産物の生産とその輸出を中心に分析が行われてきた。伝統的な農業部門では，生産，加工，流通といった経済活動の一連のつながり（バリューチェーン）のなかで，それぞれの段階を担う経済主体が独自に活動し，卸売市場に代表される現金売買による取引関係で結び付いていた。

　しかし近年の農業部門では，バリューチェーンの各段階を担う経済主体が契約によって他の経済主体と継続的に取引を行ったり，1つの経済主体が複数の段階を所有したりする傾向が強まっている。本書ではこのような経済主体同士の関係が深まる動きをバリューチェーンの統合と呼ぶ。そしてバリューチェーンの統合が進んだことで，生産性が向上して新たな付加価値が生み出され，ラテンアメリカの農業部門が発展へとつながった。

　そこで本書は，ラテンアメリカで農業部門が発展しつつある国の1つであるペルーを中心とした事例研究をとおして，バリューチェーンの統合が農業部門の発展に結び付いたことを明らかにする。

本書がラテンアメリカのなかでもペルーに注目したのは，農業部門が現在進行形で大きく変化しているからである。1990年代の経済自由化改革をきっかけとして，輸出向け農産物の生産に向けた投資が拡大したほか，2000年代の自由貿易協定の締結などによって輸出に向けての環境が整いつつある。また，2000年代に入ってからの資源ブームによる順調な経済成長により所得水準が上昇したことで，とくに都市部を中心に，農産物の量だけでなく質に対する需要が増えはじめた。このように現在進行形で大きく変わりつつあるペルーを分析対象とすることで，伝統的な生産や流通が残っている部門と，発展しつつある部門を比較しながら分析することが可能になる。

　以下の本章では，ラテンアメリカ農業に関するこれまでの研究がどのようなテーマを扱ってきたかを概観するとともに，本書がとりあげるペルー農業の特徴について説明する。そして最後に，本書の構成を示す。

第1節　農業部門の研究

　ラテンアメリカの農業部門に関する主要な研究テーマとしては，欧米向け輸出の拡大で経済が発展した一次産品輸出経済論，農業・農村の格差とその是正に関する研究，経済自由化改革後の新しい農産品の輸出拡大や国内農業への影響に関する研究などが挙げられる。

　一次産品輸出経済論は，ラテンアメリカ諸国が鉱物資源や農産物などの一次産品輸出を拡大した過程や各国の経済発展に与えた影響を分析している。農産物については，市場となった欧米諸国における産業革命の広がりによる需要の増大のほか，ラテンアメリカにおける広大な農地の存在，農産物の生育に適した気候，豊富な労働力などの比較優位に基づく供給の拡大，そして産地における鉄道の敷設や冷凍船の普及などの要因に注目している（宇佐見 1993; 湯川 1999; 谷 2011）。

　農業・農村の格差とその是正に関する研究は，大規模土地所有（ラティフ

ンディオ）と零細土地所有（ミニフンディオ）という，ラテンアメリカの農村部における二重構造に注目している[1]。ラティフンディオがおもに輸出向け農産物を生産する一方で，ミニフンディオは自給用作物の生産が中心である。このような二重構造は農業部門全体の生産性向上を阻害する。詳しく述べると，ラティフンディオでは農地が十分に利用されていない一方で，ミニフンディオでは労働力が十分に利用されていない。そのためラティフンディオでは労働生産性が高いものの土地生産性が低く，逆にミニフンディオでは土地生産性が高いものの労働生産性が低くなる。ラテンアメリカの農村部では一般に労働力が余剰であることから，労働生産性よりも土地生産性を引き上げることが重要になる。そこで利用されていないラティフンディオの土地を，土地を所有していない農民に再分配する農地改革がおもに1960年代から1970年代にかけて実施された（Kay 2000）[2]。農地改革に対する評価はさまざまであるが，改革が農地の再分配にとどまり信用の供与や技術移転に及ばなかったため，農業部門の生産性向上においては大きな成果を上げられなかったという評価が一般的である（Thiesenhusen 1995）。

　経済自由化改革後の新しい農産品の輸出拡大に関する研究としては，貿易自由化とともに拡大した農産物輸出の多様化に関する研究や，貿易自由化や規制緩和などの経済自由化が農業部門に与えた影響に関する研究がある。

　農産物輸出の多様化については，「非伝統的農産物輸出」（Non-Traditional Agricultural Export）の拡大に関して数多くの研究が行われた。これらの研究は，1980年代以降に新たに輸出が増えた農産物に焦点を当てている。たとえば，輸出産品の多様化と拡大による経済成長への影響，国内における付加価値の増大，生産国内におけるクラスターの生成，生産者への経済的なインパクトなどを分析した研究などがある（Barham et al. 1992）。

　ラテンアメリカからの非伝統的農産物輸出の成功事例として挙げられるのが，チリの青果物輸出である。同国は1960年代末に米国から技術を導入して輸出を目的としたリンゴやブドウの生産を開始し，1980年には欧米向けの輸出を大きく増やした。このほか，メキシコはトマトやパプリカ，中米諸国は

サヤエンドウ，メロン，コロンビアやエクアドルはカーネーションやバラなどの切り花の生産と輸出を拡大した。これらの国々は，安い人件費のほか，温暖な気候，赤道直下の豊富な日照量，南半球に位置するなどの自然条件を生かして，おもな市場である欧米諸国では収穫できない時期（端境期）に青果物を供給することで輸出を拡大した。さらに，多国籍企業による活動の拡大，国際市場における貿易自由化の進展による先進国市場の開放，輸送技術やインフラの発達による輸送費の低減，1980年代の債務危機以降にラテンアメリカで導入された経済自由化改革による農業部門への投資の増加が，ラテンアメリカからの青果物輸出の拡大を後押しした（Llambi 1994; Korzeniewicz et al. 1995; 豊田 2001; 中西 2007）。

　非伝統的農産物輸出拡大のプラスの側面に注目して分析した研究がある一方で，マイナスの側面に注目した研究も多い。見栄えのよい果物や野菜を先進国の市場に供給するため，非伝統的農産物の栽培にあたっては農薬が多用されるケースが多かった。その結果，労働者に健康被害が生じたり，残留農薬が検出されたりしたことで市場国の検疫機関が農産物の輸入を拒否するケースが発生した。また，小規模生産者の多くが，輸出用作物の栽培を拡大する一方で，食料作物の栽培を縮小した。その結果，輸出用作物の価格が下落すると生産者の所得が大きく減少するだけでなく，食料作物の確保が難しくなることを指摘している（Murray 1994; Thrupp et al. 1995; Conroy et al. 1996; 黒崎 1998）。

　ラテンアメリカ諸国の経済自由化の農業部門への影響については，貿易自由化による国内の農業生産者への影響に注目が集まっている。輸出関税の撤廃により国際市場における価格競争力が向上して輸出を拡大したアルゼンチンのブラジル向け小麦輸出などの例がある一方で，メキシコでは米国産の安い飼料用トウモロコシの輸入が急増した（谷 1997）。また，貿易自由化の進展によりラテンアメリカ諸国からの農産物の輸出競争が激化したことで，生産に携わる農民や労働者の所得が減少し，農村の貧困が拡大したことを指摘する研究もある（吾郷 2010）。

以上に挙げた研究のうち生産や輸出の拡大を分析した研究では，土地や気候などの自然条件や安価な労働力に基づいた比較優位や，多国籍企業の進出をおもに分析している。また，農産物生産の担い手である生産者や，彼らが活動の場とする農村への影響にも焦点を当てている。さらに，生産や輸出の拡大よりも，それによりもたらされた負の側面に注目する研究も多い。

これらの先行研究に対して本書は，ラテンアメリカの農業部門は，近年の生産性向上や付加価値の増大によって発展しているととらえている。そしてその発展がどのように実現したかを明らかにするために，生産から消費に至る農産物と食料のバリューチェーンの変化に注目した。

分析にあたってはおもにペルーの事例をとりあげた。そこでつぎに，ラテンアメリカでのペルー農業の位置づけを示すために，その特徴を説明する。

第2節　ペルー農業の特徴

ペルーはブラジルやアルゼンチンのような農業大国ではない。地理的にも農業にとって不利な条件を備えるアンデス高地を抱えている。また，所得水準も域内では低い方で，国内市場の規模も小さい。しかし2000年代以降，海岸地域を中心に輸出向け青果物の生産が増加している。同時に，所得水準の上昇にともない，農産物に対する量や質の需要が変化している。

表0-1に，ラテンアメリカ主要国の人口や経済規模，農業の概要，食品の小売り販売に占めるスーパーマーケットの占める割合（スーパー普及率）を示した。ここでは経済規模で大・中・小の3グループに分けた。域内の経済大国がブラジルとメキシコ，これに続く中規模国がコロンビア，アルゼンチン，ペルー，ベネズエラ，チリ，そして小規模国がエクアドル，ボリビア，パラグアイ，ウルグアイとなる。ペルーは人口と国内総生産（GDP）で中規模国になるが，このなかでは1人当たりGDPが最も少なく，スーパー普及率もデータがないベネズエラを除いて最も低い。

序　章　ラテンアメリカ農業の発展　9

表0-1　ラテンアメリカ主要国の経済と農業（2012年）

経済規模	国名	人口(100万人)	GDP(100万米ドル)	1人当たりGDP(米ドル)	農地面積(1000ha)	1人当たり農地面積(ha)	農業GDP(100万米ドル)	農産物輸出額(100万米ドル)	スーパー普及率(%、調査年)	
大	ブラジル	204	2,465,774	12,072	278,808	1.36	130,547	80,093	93	2012
大	メキシコ	124	1,258,774	10,173	106,705	0.86	41,277	21,656	50	2014
中	コロンビア	47	380,063	8,028	44,816	0.95	22,654	6,395	約40	2015
中	アルゼンチン	43	614,384	14,443	149,199	3.51	45,370	40,693	30	2010[1]
中	ペルー	31	201,848	6,604	24,334	0.80	15,033	4,203	20	2015
中	ベネズエラ	30	381,286	12,594	21,600	0.71	20,860	33	―	
中	チリ	18	276,674	15,742	15,781	0.90	8,944	10,599	62	2014
小	エクアドル	16	94,776	6,052	7,514	0.48	8,580	4,624	―	
小	ボリビア	10	30,659	2,948	37,670	3.62	4,073	1,573	―	
小	パラグアイ	6	29,079	4,497	21,585	3.34	6,261	4,194	―	
小	ウルグアイ	3	57,525	16,879	14,363	4.21	5,200	5,886	―	

（出所）World Bank, World Development Indicators. スーパー普及率はUSDA GAIN Report "Retail Food" 各年版。
（注）1）大型スーパーのみの普及率。

つぎに，表0-2にラテンアメリカ主要国の農牧産品自給率を示した。ここでは国内供給量に占める国内生産の割合を自給率として示した。基本的に100％を超えると輸出し，これを下回ると輸入していることを示す。域内諸国は輸出している品目によって大きく3つに分けられる。1つめは穀物，油糧種子，肉を輸出するアルゼンチン，ブラジル，パラグアイ，ウルグアイである。はじめの2カ国は農地面積が広く，農業GDP，農産物輸出額ともに多い。あとの2カ国も1人当たりの農地面積が広く，おもに輸出向けにこれらの農産物を生産している。2つめがおもに青果物（野菜と果物）を輸出するメキシコ，チリ，ペルー，エクアドルである。これらの国々は1つめのグループに比べて1人当たりの農地面積が小さい。青果物の生産に集中してこれを輸出し，穀物や油糧種子は外国から調達していることがわかる。3つめのグループはおもに果物を輸出するコロンビアとボリビアで，4つめはすべてを輸入に依存しているベネズエラである。

　前述したとおり，本書がラテンアメリカのなかでもペルーに注目したのは，農業部門が現在進行形で大きく変化しているからである。たとえば野菜や果物の輸出では，先行しているメキシコとチリの青果物輸出額が10億ドルを超えたのは，それぞれ1990年と1992年である。それに対してペルーは2007年とごく最近である。また，農産物流通における変化を表す指標の1つであるスーパーの普及率は域内諸国と比べて低いが，近年は急速な勢いで店舗が増えている。このように現在大きく変わりつつある農業部門を分析することで，バリューチェーンの統合の過程や，それによる変化を理解することができる。

　ペルー国内において農業は，現在注目を集めている部門である。1980年代末から1990年代初めの経済危機により大きく生産が落ち込んだものの，1990年代半ば以降は生産が回復し，2000年代に入っても緩やかに成長を続けている。とくに「現代農業」（agricultura moderna）と呼ばれるおもに輸出向けの野菜や果物の生産部門は，2005年から2014年にかけての年間平均成長率が8.2％に達しており，国内総生産（GDP）全体の6.7％や農業全体の4.4％を大きく上回っている（AGAP y Apoyo Consultoría 2015）。現代農業部門がおもに

表0-2　ラテンアメリカ主要国の農牧産品自給率（2011年）

（単位：％）

	穀物	油糧種子	野菜	果物	肉類	特徴
アルゼンチン	284	125	107	141	112	穀物・油糧種子・肉類輸出国
ブラジル	103	178	97	122	133	
パラグアイ	331	251	76	99	170	
ウルグアイ	300	1,591	77	115	261	
メキシコ	62	26	177	118	82	野菜・果物輸出国
チリ	64	46	138	223	104	
ペルー	49	62	125	112	98	
エクアドル	62	98	105	312	99	
コロンビア	36	59	90	124	97	果物輸出国
ボリビア	76	103	98	108	100	
ベネズエラ	39	70	87	94	86	農産物輸入国

（出所）　FAOSTAT Data.
（注）　自給率は国内供給量に占める国内生産量の割合で算出。

輸出する野菜と果物の輸出額は，2004年の5億1900万ドルから2014年には27億4000万ドルへと5.3倍に達しており，ペルー中央銀行（Banco Central de Reserva del Perú）の統計によると輸出総額に占める割合も2004年の4.1％から2014年には6.9％へと増えている。

　輸出向けに加えて国内市場向けでも，経済成長にともなう新興中間層の拡大により，生産が大きく増加している農産物がある。具体的にはジャガイモとコメと鶏肉である。食用の農産物では，ジャガイモとコメが最も生産量が多い。パンやパスタなどの小麦製品と合わせて，この3つが国民の主食である。両者とも経済危機により生産が大きく減少したものの，1990年代のマクロ経済の安定とそれに続く経済成長により生産が回復し，2000年代に入っても生産が増加している。また鶏肉は，国内の農畜産業総生産の2割を占める最大の品目である（MINAGRI 2015）。新しい技術の導入で生産性が向上したことで他の肉類よりも相対的に安くなり，近年消費が大きく増加している。

　ジャガイモ，コメ，鶏肉のいずれの品目も，加工品などの一部を除いて国内生産で国内消費をまかなっている。しかし生産が増加しているにもかかわ

らず，伝統的な流通構造が変化しておらず，流通過程で廃棄される割合が高いことや加工が進まないという問題を抱えている。そのため，流通過程における生産性の向上と付加価値の増大が課題である。

地理的にみると，ペルーの国土は海岸地域（コスタ），アンデス高地（シエラ），熱帯低地（セルバ）に分けられる（図0-1）。このうち農業が最も盛んなのは海岸地域で，本書でとりあげる輸出青果物とブロイラーのいずれもがほとんどこの地域で生産されている。ジャガイモはアンデス高地が主産地であるが，この地域で栽培・収穫できない時期には海岸地域でも栽培・収穫が行われている。

図0-1　ペルーの地理区分と本書でとりあげる農牧産品の産地

（出所）AgainErick at the English language Wikipedia を加工して筆者作成。

第3節　本書の構成

　本書はおもにペルーの事例を用いて，農業部門のバリューチェーンの統合が，近年におけるラテンアメリカの農業部門の発展につながったことを示す。その際，輸出産品，経済主体，流通経路，市場条件などが異なる事例を比較する。これにより，どのような要因がバリューチェーンの統合を促したのか，統合によってバリューチェーン内の経済主体間の関係や，生産や加工における生産性とそれが生み出す商品の価値がどのように変わったかを示す。以下に本書の構成について説明する。

　第1章では，バリューチェーンの統合を分析する際の視角を示した。農産物の生産から消費に至る各段階の経済主体の関係を分類したのち，これを応用したグローバルバリューチェーンの研究を紹介する。そしてこのなかで途上国の経済主体がいかにして発展できるかに注目したアップグレードについて説明する。

　つづいて，農業部門のバリューチェーンを念頭に，統合によるメリットとデメリットを示す。また，それぞれの農産品の技術的特質によって統合の度合いが異なることを，米国の事例から把握する。

　第2章と第3章では青果物輸出に注目した。生鮮アスパラガスの生産・輸出に参入したアグリビジネスは，青果物に特有な需要に対応するためにバリューチェーンの統合を進めた。これにより，生鮮アスパラガスの輸出量が大きく増加した。さらにアグリビジネスは，アスパラガス輸出で築いた青果物輸出のバリューチェーンを，ほかの青果物にも広げることでさらなる成長をめざしている。

　そこでまず第2章「生鮮アスパラガスの輸出拡大」で，ペルーの青果物輸出拡大の嚆矢となった生鮮アスパラガス輸出をとりあげる。ここでは，1990年代に輸出が増加したものの2000年代以降は横ばいが続いている缶詰アスパラガスと，2000年代に入って輸出が急増している生鮮アスパラガスの2つの

バリューチェーンの構造を比較する。缶詰では生産から輸出に至る各段階をそれぞれの経済主体が別々に担ったために生産性の向上が進まず，国際市場で価格競争力を失った。一方生鮮では，資本力をもったアグリビジネスが参入して，生産から輸出までのバリューチェーンを統合した。これにより輸出が拡大したことを指摘する。

つぎに第3章「輸出青果物産業の成長」では，アスパラガスに加えてブドウやアボカドなどの新たな青果物が加わり，産業全体が成長している点に注目した。ここでは，個別のアグリビジネスの取り組みと，国や生産者組織による植物検疫に関する取り組みをとりあげた。生鮮アスパラガスでバリューチェーンを垂直的に統合したアグリビジネスは，他の品目へと水平的に広げることで，農業部門特有の季節性や不確実性の克服に努めている。また，途上国の青果物輸出にとって大きな障害となっている植物検疫については，公的機関による取り組みだけでなく，生産者の組織化を通じた民間部門の資源の動員が大きな成果を上げ，青果物輸出の拡大に寄与していることを示す。

バリューチェーンの統合は青果物では輸出向けで先行したが，ペルーでは2000年代以降の経済成長により，国内市場でもその萌芽がみられる。

第4章「国内市場向けジャガイモ流通の変化——スーパーマーケットの調達——」では，国内市場向け青果物のバリューチェーンに目を向けた。ペルー人の主食の1つであるジャガイモを事例に，リマ中央卸売市場を中心とする伝統的な流通チャネルと，都市部を中心に近年店舗が増えているスーパーマーケットが構築した流通チャネルを比較した。リマ中央卸売市場の卸売商は，各産地に張りめぐらしたネットワークを利用して年間を通じてジャガイモを集荷する。しかし品質，納期，納入方法などの問題により，スーパーマーケットは卸売市場ではジャガイモを調達できなかった。そこで，各地からの集荷のほか，分類，洗浄，包装などの出荷調整を行うサプライヤーを募り，彼らと固定的な関係を構築することで，調達を可能にした。

農畜産物のなかでも，ラテンアメリカ各国で需給が大きく増加しているのが鶏肉（ブロイラー）である。技術革新による生産性の向上によりほかの肉

類と比べて安価であり，フードサービスが提供する食事の原材料としての利用も増えている。そこで第5章，第6章ではブロイラーをとりあげた。

ブロイラーは消費者が調理する前に処理解体などの加工が必要なことから，一般に青果物と比べてバリューチェーンの統合が進んでいる。しかしその統合の度合いは国や地域によってさまざまである。まず第5章「ブロイラーインテグレーションの発展——ブラジル，メキシコ，ペルーの比較——」では，3カ国を比較し，統合が進んでいるブラジル，進んでいないペルー，そしてその中間にあるメキシコの共通点や相違点を明らかにした。そして第6章「ペルーのブロイラー産業——その成長とインテグレーションの特徴——」では，ペルーのブロイラー産業の発展過程を詳細に検討して，バリューチェーンの統合が進まない要因を考察した。

終章では，各章の事例研究の結論を要約し，ラテンアメリカの農業部門の発展においてバリューチェーンの統合が果たした役割と，バリューチェーンの統合に関してペルーの事例分析から得られた考察をまとめた。そして，この研究から得られる政策へのインプリケーションや今後の課題を記した。

〔注〕
(1) 農地規模の分類についてはラテンアメリカ域内で統一的な定義はなく，国によってさまざまである。域内では比較的農地規模が小さいペルーの場合，2012年農牧業センサス（INEI 2013, 11）は5ヘクタール以下を小規模，5.1ヘクタール以上50ヘクタール以下を中規模，50.1ヘクタール以上を大規模に分類している。域内では比較的農地規模が大きいブラジルの場合，2006年の農牧業センサスでは100ヘクタール未満を小規模，100ヘクタール以上1000ヘクタール未満を中規模，1000ヘクタール以上を大規模として分析している（IBGE 2012, 164-165）。
(2) ラテンアメリカの農地改革は，メキシコで1920年代，ボリビアで1950年代と他国より早い時期に実施された。1959年のキューバ革命のあと，チリ，ペルー，エクアドル，コロンビアが1960年代から1970年代にかけて，ニカラグアやエルサルバドルが1970年代末から1980年代初めにかけて実施された（Kay 2000, 127-128）。

第1章

バリューチェーンの統合

点滴式灌漑を使ったアボカド栽培(2012年11月,ペルー・ラリベルタ州,筆者撮影)

はじめに

　ラテンアメリカ農業の発展を考えるにあたって本書は，農産物を栽培する狭義の農業だけでなく，それを栽培するために必要な投入財の供給から，食料として消費されるまでの一連のつながり（広義の農業部門）を分析対象とした。そして，米国を中心に進んだアグリビジネス研究や欧州や日本のフードシステム研究[1]などを参照しながら，農業部門の産業構造の変化に注目した。発展の過程で，生産者，加工業者，流通業者，小売業者など，それぞれの段階を担う経済主体の結び付きがどのように変わっているか，そしてそれによって農産物の生産性や付加価値にどのような影響を与えているかがわかれば，産業構造の変化が理解できる。

　そこでまず，農業部門のバリューチェーンの構造を，経済主体間の結び付きによって類型化したのち，それを途上国の産業発展の分析に応用したグローバルバリューチェーン研究を紹介する。そして農業部門のバリューチェーンを念頭に，どのような場合に統合が進むかを考える。最後に，品目ごとのおもに技術的な要因が，バリューチェーンの統合にどのような影響を与えるのかを，米国の事例を用いて説明する。

第1節　経済主体間の調整

　バリューチェーンとは，財などの提供にかかわる，設計から生産，流通，販売，サポートなどのさまざまな活動を指す（Porter 1985）。1つの企業におけるバリューチェーンには，投入財の供給，生産，生産した商品の物流，マーケティングや販売，アフターサービスなどのメインの活動のほか，インフラ，人材管理，開発，調達などのメインの活動を支える活動が含まれる。
　農業・食料部門のバリューチェーンは，投入財の供給から農産物の栽培，

加工，販売など，それぞれの段階を担当する数多くの経済主体からなるのが一般的である。経済主体のあいだではさまざまな方法で取引が行われており，それによる経済主体間の関係をここでは「調整方法」とよんでいる。

本書でとりあげた青果物や畜産物の事例をみると，この調整方法が変化していることが観察できる。以前は売り手と買い手が市場をとおしてそのたびごとに現金で取引する関係が一般的であった。しかし生産や販売の拡大にともない，取引の前後に情報交換や交渉を行い，何らかの合意や契約に基づいて継続的な取引を行う関係が増えている。また，1つの経済主体が生産，加工，販売など複数の段階を所有している事例も多い。本書ではこのように経済主体間の関係がより密接になる変化を「バリューチェーンの統合」と定義する。そして，バリューチェーンの統合により，生産性の向上や付加価値の創出が進み，農業・食料部門が発展しているという仮説を立てる。

本節では，経済主体間の関係を類型化するとともに，国境を越えたバリューチェーンを分析対象とするグローバルバリューチェーンの先行研究についても説明する。

1．調整方法の類型化

農産物のバリューチェーンに属する経済主体間の調整方法は，経済主体間の結び付きが弱い順に市場取引，販売契約，生産契約，垂直的統合の4つに分けると理解しやすい（MacDonald and Korb 2011）（図1-1）。[2]

第1は「市場取引」で，卸売市場などの開かれた市場による現金取引を指す。「スポット市場」（spot market）や「現金市場」（cash market）とも呼ばれる。買い手が現物を確認し，入札などさまざまな方法で価格を決め，買い手は現金で支払って商品を受けとる取引である。

第2に「販売契約」（market-specific contract または marketing contract）である。農産物の場合，生産者と買い手が収穫以前に交渉して農産物の仕様，販売数量，価格などの売買条件を決め，収穫後に売買取引を行う。販売価格を固定

図1-1　経済主体間の調整方法

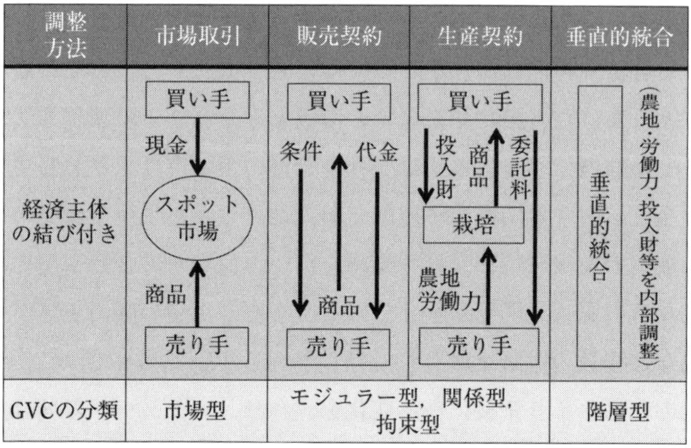

調整方法	市場取引	販売契約	生産契約	垂直的統合
経済主体の結び付き	買い手 ↓現金／↑商品 スポット市場 ↑商品／↓現金 売り手	買い手 ↑条件／↓代金 ↑商品 売り手	買い手 ↓投入財／↑商品 委託料↓ 栽培 ↑農地・労働力 売り手	垂直的統合（農地・労働力・投入財等を内部調整）
GVCの分類	市場型	モジュラー型，関係型，拘束型		階層型

（出所）　MacDonald and Korb (2011), Gereffi et al. (2005) を参考に筆者作成。

するのではなく，売買時の市場価格を基にした値決めのルールを定める場合も多い。

　第3に「生産契約」(resource-providing contract または production contract) である。これは生産者と買い手のあいだで生産が始まる前に交渉し，買い手が供給する種子，肥料，農薬などの投入財を利用し，生産者が自ら所有する農地と雇用労働力を使って栽培する。基本的には買い手が指定する収穫時期や栽培方法に従って栽培が行われ，収穫後に生産者から買い手へ農産物が引き渡される。両者のあいだで農産物の売買は行われず，買い手が生産者に生産を委託して，事前に決められたルールに従って委託料を支払う契約である。

　第4に「垂直的統合」(vertical integration) である。食品製造業，レストランチェーンなどのフードサービス，大手スーパーマーケットなど農産物の実需者が，農地を所有または借りて，土地や労働者など必要な生産要素を調達して生産する方法がこれに該当する。サトウキビやバナナなど途上国のプランテーションにおける農産物の生産，加工，販売，輸出もこれに相当する。この統合は所有をともなうことから，所有統合とも呼ばれる。この場合には，

1つの経済主体の内部で農地，労働力，投入財などの調整が行われる。

　第2と第3の調整方法については契約となっているが，本書が分析対象とするラテンアメリカの農業・食料部門の経済主体のあいだでは，合意や口約束などによる調整が一般的である。これらは，契約ほど拘束力はないが，農畜産物の売買に際して経済主体間で事前・事後に調整をして，継続的な取引を行う方法である。本書ではこのような経済主体間の取引も，販売契約や生産契約に準じる調整方法ととらえている。この類型を用いると，市場取引から販売契約，生産契約，垂直的統合に向かう変化がバリューチェーンの統合に当たる。

　同じような変化を示す用語としてインテグレーションがある。第5,6章でとりあげる鶏肉では，バリューチェーンの統合を進める主体であるインテグレーターが，生産契約によって養鶏生産者に鶏肉の飼育を委託する場合でもインテグレーションと呼ぶ。そこで本書では，一般的にはバリューチェーンの統合という用語を用いるが，鶏肉部門については，バリューチェーンの統合と同じ意味で，インテグレーションの形成という用語も用いる。

2．グローバルバリューチェーン研究

　グローバル化の進展によってバリューチェーンが国境を越えて広がるようになり，グローバルバリューチェーン（Global Value Chain: GVC）という用語が生まれた[3]。

　農業・食料分野におけるGVC研究は，先進国のスーパーマーケットによる途上国の農産物の調達に注目した（Fairbanks and Lindsay 1997; Dolan and Humphrey 2000; 2004）。代表的な研究が，欧州のスーパーマーケットによるアフリカ諸国からの青果物の調達に関する分析である。当初は生産国と市場国の双方で卸売市場を経由した取引が行われていたが，スーパーマーケットの規模拡大と寡占化にともない，これらのスーパーマーケットが生産から小売までのバリューチェーンを統合するようになったとしている（Dolan and

Humphrey 2004)。これらの研究では，先進国企業が中心となって国境をまたいで統合するバリューチェーンがおもにとりあげられた。

その一方で，途上国国内の経済主体に注目した研究も行われている。たとえば，途上国でも拡大しつつあるスーパーマーケットとそれによるバリューチェーンの変化などに注目した研究が挙げられる（Reardon and Berdegué 2002; Ghezán et al. 2002; Balsevich et al. 2003; Reardon et al. 2003）。これらの研究は，途上国におけるスーパーマーケットや外食チェーンの普及拡大のパターンやその要因を明らかにしたうえで，伝統的な流通チャネルとスーパーマーケットによる新しい流通チャネルのちがいや，新しい流通チャネルの拡大による生産者や伝統的な卸売商人への影響を示した。ただし，分析対象とするのは小売業者を中心とした農産物の流通チャネルで，生産から消費までの全体を視野に入れているわけではない。

このほかにも，GVC 研究の枠組みを参照しながら近年におけるラテンアメリカからの農産品輸出の変化を対象とした研究がある（星野編 2007; 谷 2008; 村瀬 2008）。これらの研究は，ラテンアメリカ諸国の生産者や加工業者が，先進国の需要に対応するためにバリューチェーンを統合して付加価値の高い輸出産品を供給する事例を分析している。

本書は，上に挙げたような途上国におけるスーパーマーケットの拡大や農産品輸出の変化を対象とした研究と問題意識を共有している。そして，ペルーという 1 つの国のなかで，市場や商品としての特質が異なりながらも生産や販売が拡大している複数の農畜産品をとりあげ，それぞれについてバリューチェーンの構造がどのように変化しているかを比較する。これによって，ペルーにおける農業・食料部門の発展の特徴を示すことができる。

3．統治構造とアップグレード

GVC 研究では，バリューチェーンの構造や発展に関する理解を深めるためにさまざまな分析概念が使われている。その代表的なものが，バリューチ

ェーン内の経済主体間の関係を示す統治構造と，それぞれの経済主体の発展の道筋を示すアップグレードである。

　統治構造は，バリューチェーンにおける経済主体間の調整方法と共通点が多い。ただしGVC研究は，バリューチェーンの統合で主導的な役割を果たす経済主体を想定し，その経済主体が買い手となってバリューチェーンの統合を進めるという視点をもっている。そしてその経済主体が，財の特質や市場の状況に合わせた統治構造のバリューチェーンを構築し，競争力を高めているとしている。

　統治構造の類型化はいくつかの研究で行われているが，ここでは5つに分類した研究を紹介したい（Gereffi et al. 2005）。①市場型（market）はそれぞれの経済主体が市場をとおしての取引で結び付く。図1-1の市場取引と同じである。②モジュラー型（modular）では，市場をとおしてのみでは買い手に必要な情報が十分に伝わらない場合に，事前に仕様などの情報を伝えたうえで取引を行う。③関係型（relational）では，仕様を示すだけでは十分に情報が伝わらない場合に，両者で仕様や製造方法について話し合い，場合によっては専用の設備に投資したうえで取引を行う。④拘束型（captive）は大手企業と下請の関係を想定し，売り手が買い手に依存する関係となる。この3つについては農産物の販売契約，生産契約のいずれかに該当する。売り手がほかの買い手を比較的簡単にみつけられるモジュラー型は販売契約に近く，そうでない関係型は生産契約に近いと考えられる。⑤階層型（hierarchy）は垂直的統合に該当し，1つの経済主体がバリューチェーンの複数の部門を所有する。この場合，経済主体間の関係ではなく，単一の経済主体内での部門間の取引となる。

　統治構造は，買い手としてバリューチェーンの統合で主導的な役割を果たす経済主体に注目した分析で使われる。これに対して，従属的な立場にある途上国の売り手（または作り手）に注目し，この経済主体の発展に注目したのがアップグレードの考え方である。これは，途上国の経済主体がグローバルバリューチェーンに参加することで，いかにして発展できるかを分析する

ために使われる概念である。GVC 研究はアップグレードを大きく4つに分類している（Giuliani et al. 2005）。1つめが工程のアップグレードで，新技術の導入による生産効率の向上を指す。2つめが製品のアップグレードで，より高度な製品の供給を手がけることを指す。3つめは機能のアップグレードで，たとえば製造から設計へ参入するように，GVC のなかで果たす機能を広げることを指す。4つめが部門を超えたアップグレードで，ある製品のGVC で得た知識や経験を基に，ほかの分野や製品のバリューチェーンに参加することを指す。GVC に参加する経済主体はこれらのアップグレードにより，生産性を高めたり，より付加価値の高い活動に参加できるようになる。

第2節　農業部門のバリューチェーン

これまでに述べた経済主体間の取引に関する研究や GVC 研究では，それまでスポット市場を通じて取引していた経済主体が，合意や契約などそれ以外の方法で取引の条件などを調整しながらバリューチェーンを統合する事例を分析している。ではなぜバリューチェーンの統合が進むのか。その理由を，取引費用や資金負担の面から説明する。

1．統合のメリット

バリューチェーンの統合が行われるのは，統合に主導的な役割を果たす経済主体と，統合される経済主体の双方にメリットがあるからである。このメリットとして，取引費用の削減，取引特殊投資による効率の向上，新しい技術の移転，資金負担の軽減，リスク負担の軽減，消費者の嗜好への対応などが挙げられる（Vukina 2001; Hayenga et al. 2000; MacDonald et al. 2004）。ここではバリューチェーンの統合の担い手となることが多い農作物の加工業者と，統合される側である生産者の視点から，それぞれのメリットとデメリットを

市場取引と比較しながら考えてみよう。

　まず，加工業者からみたメリットを考える。加工業者はバリューチェーンを統合することで，量と品質の両方において安定して原材料を調達することができる。これは市場取引のように，調達のたびに売り手を探して農産物の品質を確認するのではなく，特定の生産者と継続的に取引を行うことで，そのつど探す手間を省けるからである。加工業者は生産者との関係を深めることによって，生産される農産物の量と品質について多くの情報を事前に得ることができる。それによって，加工工場の稼働率を高く保ち生産性を高めることができる。

　さらに加工業者と生産者が，両者の取引に特化した投資（取引特殊投資）を行うことで，生産，流通，加工の各段階で生産性や付加価値を高めることができる。例として，市場では一般に流通していない特殊な農産物の生産と，その農作業にのみ利用できる専用の農機具を考えてみよう。一般的に流通している農産物に比べて特殊な農産物は，市場での競争が少ないため，買い手がみつかれば高く売ることができる。さらに専用の農機具を利用すれば生産性が高まる。しかし買い手がみつからなければ，まったく売れない可能性もある。そのため，市場取引においては取引特殊投資が必要な農産物は供給されにくい[4]。しかし加工業者が生産者に対して，投資に見合った価格で購入すると生産者に約束すれば，生産者は特殊な農産物の生産に取り組む。つまりバリューチェーンを統合すれば，一般の市場では供給されにくい差別化された原材料の調達や，流通や製造段階における生産性の向上が可能になる。

　これと関連して新しい技術の移転が挙げられる。個別の生産者と比べて一般的に規模の大きい加工業者は，技術の最新動向に通じていることが多く，その導入にも積極的である。生産者に対しても新しい技術を積極的に移転し，それを支援するために研修なども行う。統合されたバリューチェーンの一部になることで，生産者は新しい技術を習得する機会が多くなり，生産性を向上しやすくなる。

　つぎに生産者の視点からみると，バリューチェーンの統合は資金負担の軽

表1-1 バリューチェーンの統合による資金とリスクの負担

	資金負担				リスク負担			
	固定資本財		流動資本財		価格変動		生産変動	
	生産者	加工業者	生産者	加工業者	生産者	加工業者	生産者	加工業者
市場取引	●		●		●		●	
販売契約	●		●		▲	▲	●	
生産契約	▲	▲		●		●	▲	▲
垂直統合		●		●		●		●

(出所) 筆者作成。
(注) ●：一方がすべて負担，▲：生産者と加工業者で分担。

減というメリットをもたらす（表1-1）。市場取引を前提とした生産では，農地や農機具などの固定資本財はもちろん，種子，肥料，農薬などの流動資本財（投入財）や雇用労働者の賃金など，出荷までにかかる費用はすべて生産者が負担する。しかしバリューチェーンの統合によって，生産者の負担は軽くなることが考えられる。販売契約であれば，生産者は契約を担保として金融機関から資金を調達することが可能になる。生産契約であれば流動資本財の多くは加工業者が供給するため，その分生産者の資金負担が軽くなる。

また，生産者が負担するリスクが軽減することで経営が安定する。ここでいうリスクには，農産物や流動資本財の価格が変動することで，売上高や生産コストが変わる価格変動リスクと，天候の変化や病害虫の発生などにより農産物の作柄が変化する生産変動リスクがある。加工業者がバリューチェーンを統合すれば，これまで生産者が負担していた価格変動リスクや生産変動リスクの一部を，加工業者が負担することになる。たとえば販売契約において事前に販売価格を固定したり，最低保証価格を設定することで，市場価格が大きく落ち込んだ場合にも生産者は最低限の利益を確保できる。また生産契約の場合は，生産者は生産委託にともなう手数料を受けとるため，農産物の価格変動によるリスクは基本的には加工業者が負担することになる。生産変動リスクについては，販売契約では基本的に生産者が負担するが，生産契約では生産者がコントロールできないような天候の変化や病害虫の発生によ

る生産性の低下については，加工業者がリスクの一部を負担する場合が多い。

バリューチェーンの統合によって経済主体の関係が強くなることで，消費者の嗜好の変化に迅速に対応できるというメリットもある。市場を経由した取引の場合，嗜好の変化は需給の変化を引き起こし，それが市場における価格の変化となって生産者に伝わる。潜在的な需要があったとしても，市場に出回らないかぎりは価格が形成されず，生産者に嗜好の変化の情報が伝わりにくい。それに対してバリューチェーンが統合されていれば，消費者の嗜好に関する情報を多くもつスーパーマーケットや加工業者からの情報が生産者に直接伝わり，新しい品種の導入や新しい加工食品の製造が促される。

近年は消費者のあいだで食品の安全や安心に対する関心が高まっているが，バリューチェーンの統合によりこれに応えることができる。たとえば，認証を得た方法で有機農産物が生産されていることや，飼料原料に遺伝子組み換え作物が含まれていないことを，加工業者が自ら確認してそれを製品に表記するという対応が可能になる。また小売でいえば，肥料や農薬の使用量といった圃場段階からの生産履歴のトレーサビリティ（追跡可能性）を保ち，消費者に提供することができる。

2．統合のデメリット

バリューチェーンの統合にはデメリットもある。加工業者にとっては資金やリスク負担が増加する。必要な原材料を調達する以外にも，生産契約の場合には流動資本財の多くを，自社農場を設けるなど垂直的統合（所有統合）の場合にはさらにすべての固定・流動資本財をまかなう資金を負担しなければならない。さらに，これまで生産者が負担してきた価格変動や生産変動のリスクも加工業者が負担することになる。リスク負担の割合は，販売契約，生産契約，垂直的統合と，バリューチェーンの統合の度合いが進むにつれて大きくなる。垂直的統合では，農産物の生産過程で生じる価格変動と生産変動のリスクを加工業者がすべて負担することになる。

生産者にとってのデメリットは，経営の独立性が失われ，利益が減少することである。市場取引においては，生産者自身が生産，販売，資金調達にかかわる意思決定を行い，リスクを負担することで，それにともなう利益を得る。しかし加工業者によるバリューチェーンの統合に参加して意思決定やリスクの一部をインテグレーターに委ねることで，生産者が独自の経営判断を下せる場面が少なくなる。つまり，生産者は自らの経営能力を発揮する機会が減るため，その能力を発揮することによって得られる利益を失うことになる。また，市場取引と比べて契約取引では価格形成の透明性がなくなるため，交渉力が弱い立場にある生産者は利益配分で不利に立たされる可能性がある。

3．品目による統合の度合い

農牧産品のバリューチェーンにおける統合の度合いは，さまざまな要因によって決まる。生産，加工，流通にかかわる技術的側面や政策など，農産物や畜産物の品目ごとに異なる特徴がその1つである。それ以外にも，産地の立地，輸送インフラ，流通経路，消費者の嗜好などさまざまな要因が考えられる。そこでまず，バリューチェーンの統合に関して包括的な調査を実施している米国農務省（United Stated Department of Agriculture: USDA）の報告に依拠して，米国の農産品のバリューチェーンにおける品目ごとの統合の度合いのちがいを確認したい。同じ国であれば消費者の嗜好や輸送インフラなどがある程度共通と考えられる。そのなかで異なる品目を比較することで，農牧産品の技術的な条件などによる品目ごとの統合の度合いのちがいが明らかになる。

農畜産業のなかでもバリューチェーンの統合が進んでいるのが畜産部門である。米国農務省が農畜産業の契約生産の状況についてまとめた資料によると，2008年における契約に基づく生産の割合は，鶏肉・鶏卵が89.9％，豚肉が68.1％，牛肉が29.4％となっている（MacDonald and Korb 2011, 13）。鶏肉，鶏卵，七面鳥の契約生産や垂直的統合についてみた別の研究では，1994年の

時点で，鶏肉では約9割が生産契約，1割弱が垂直的統合，鶏卵では4割弱が生産契約，6割弱が垂直的統合，七面鳥では6割弱が生産契約，約3割が垂直的統合となっている。また，豚肉は1990年代以降に契約による生産が増え，2001年では，約7割が生産による契約，残りが市場取引となっている（Martinez 2002）。

　畜種ごとに異なる統合の形態は，それぞれの飼育や加工における技術的な要因が大きく影響していると考えられる。鶏肉の場合，均質な鶏を毎日安定的に調達して処理解体場が常時稼働できるよう，インテグレーターである食肉加工企業が養鶏生産者と生産契約を結んで生産を調整するのが一般的である。この契約では，インテグレーターが養鶏生産者に対してヒナ，飼料，薬剤を供給する。養鶏生産者は鶏舎，労働力，水，電気などを提供し，インテグレーターの指示に従ってヒナを飼育する。一定の大きさに達したところでインテグレーターが集荷し，処理解体場で鶏肉にする。

　鶏肉と比べて鶏卵において垂直的統合が多いのは，鶏卵生産者自らが，鶏卵の分類・パッキング施設（Grading and Packing Center: GPセンター）を建設して加工部門を統合したからである。GPセンターは農場に隣接する必要があることから，採卵鶏の飼育からパッキングまでを一貫して農場内で行う方法（on farm egg processing）が一般的になった。また，鶏肉の処理加工場と比べてGPセンターは規模の経済が働きにくいことも生産者による統合を促した（斎藤 1997）。つまり，鶏肉のようにインテグレーターが大規模な鶏肉の処理解体場を建設して処理解体段階を統合する代わりに，鶏卵生産者自らが分類やパッキング段階まで統合したのである。

　従来豚肉は，生産契約より販売契約によるバリューチェーンの統合の割合が多かった。その要因として，鶏に比べて出荷時期に比較的幅があること（さまざまな年齢で販売することが可能であること）のほか，長距離の輸送に比較的耐えられるためである。豚肉の飼育に必要な投資は，鶏肉と比べると時間的または地理的な観点から特定の取引に依存する度合いが低い。つまり，特定の取引先以外に販売することが比較的容易であることから，生産契約で

はなく販売契約による統合がおもになっている（Martinez 2002）。しかし近年は，豚肉でも契約生産が大きく増えている。その背景として，生産者の規模拡大や生産方式の変化が挙げられる。1992年から2004年のあいだに，生産者数は約7割減少した一方で，生産者当たりの飼育頭数は1000頭弱から約4600頭に増えた。そして生産者が繁殖から肥育までを行う方式（farrow-to-finish operation）から，早期離乳方式など新しい生産管理技術の導入が進み，繁殖，育成，肥育などの各段階に特化した大規模生産が増加した。従来の方式より生産性が高いことからこの飼育方式の導入が進み，規模を拡大した生産者がインテグレーターとなり，各段階を統合する契約生産が増えた。ただし2000年代頃から大手の食肉加工企業による大規模生産者の買収が進んでいることから，鶏肉と類似した形態のインテグレーションへと進行しつつある（大江 2002; Key and McBride 2007）。

　豚肉では契約生産による統合が急速に進行しつつあるのに対して，牛肉におけるバリューチェーンの統合は一部の大手パッカー（食肉加工業者）に限られている（斎藤 1997）。その要因として，技術的な特徴のほか，統合に必要な資本規模や加工品の需要が挙げられる。牛は成育するまでに鶏や豚に比べて時間がかかるだけでなく，両者に比べて品種改良が難しい。また，小さくて地理的に分散している牧場が多いため，統合すると輸送コストが高くなる。また，統合には非常に大規模な資本が必要となるだけでなく，豚や鶏に比べて品質のコントロールが難しい。さらに牛肉はおもにテーブルミート（家庭で調理するためにカットやスライスされた肉）として販売されており，鶏肉のように加工度が高く差別化された商品の需要が少ないため，バリューチェーンを統合するメリットが少ない（Ward 1997）。

　畜産物に対して農産物では契約による生産の割合が低い。2008年おける割合は，畜産物の52.8％に対して農産物は27.3％にとどまっている（MacDonald and Korb 2011）。このなかで比較的契約の割合が高いのがてん菜（sugar beet）と青果物である。てん菜の場合は，苗の準備費用や専用の収穫機械が必要なことにより取引特殊投資が大きいことから，契約による生産が一般的となっ

ている。

　青果物の場合は，加工工場をもつ加工業者が特定の品種や品質を備えた農産物の調達を確実にするために契約を利用することが多い。とくに加工用の野菜の場合にはほとんどが契約による生産で，種から肥料，農薬，栽培方法を加工業者が指定する。さらに，生育状況を確認するために加工業者の担当者が圃場を訪問するのが一般的である（MacDonald and Korb 2011）。

　スーパーマーケットによる青果物の販売においても，バリューチェーンを統合する事例が増えている。米国では1990年代に消費者による青果物需要の増大がみられ，それに対応するために大手のスーパーマーケットが品揃えを拡大した。その際にスーパーマーケットを対象として青果物を生産・販売する生産流通業者（grower-shipper）は，単品目から多品目へ，特定産地における収穫期のみの供給から複数産地からの周年供給へと対応を進めた。その過程で生産流通業者は直接スーパーマーケットへ販売する割合を高め，その際には予約販売や短期・長期の契約販売を活用した。（佐藤 2011）。

　このように，鶏肉を中心とした畜産部門でバリューチェーンの統合が進んでいるだけでなく，青果物においても加工の増加やスーパーマーケットによる販売の拡大とともに，バリューチェーンの統合が進んでいることが確認できる。ただし，これらのほとんどが販売契約や生産契約など契約による統合である。生産と加工の垂直統合，たとえばオレンジジュースを製造する企業がオレンジ農場を所有したり，食肉加工業者が養豚場を所有したりする事例は，米国でも少ない。このような垂直統合の数は，2008年時点で農場数の0.3％，農業生産額の５％にすぎない（MacDonald and Korb 2011, 1）。

　本書が分析対象とするのは，ラテンアメリカの青果物と鶏肉である。青果物自体は消費者がそのまま消費できることから，技術的には統合が進まない。しかし輸出も含めてスーパーマーケットによる販売が増えると，経済的な要因によって統合が進む。一方鶏肉については，飼育段階では米国と同様に技術的な要因によって統合が進んでいる。しかし加工については，需要条件によって統合の度合いが大きく異なる。

次章以降の事例研究では，それぞれの産品のバリューチェーンの統合について，具体的に検討していく。

〔注〕
(1) 米国のアグリビジネス研究については，キングらが20世紀前半から現在にいたるまでの研究の流れをまとめている (King et al. 2010)。英国のフードチェーン研究やフランスのシステム・アリマンテール研究については高橋・斎藤編 (2002) を参照。
(2) ここで挙げた販売契約と生産契約は，両者のちがいを説明するための概念的な分類で，26ページの表1-1はこれに基づいて資金とリスクの負担を説明している。実際にはこれらの定義とは異なる契約も多い。
(3) 国境を越えるバリューチェーンの分析としては，「グローバルコモディティチェーン」(Global Commodity Chain: GCC) 研究が先駆けである (Gereffi and Korzeniewicz 1994)。商品を生み出す過程をコモディティチェーンとして定義し，そこで起きる競争やイノベーションを分析した。従来，工業化はその国の経済開発を促すと想定されていた。しかしGCCはこの想定に疑問を投げかけ，これを分析する視角を提供した。GCCの競争力の源泉が，安い人件費など低次な要因に基づくのか，独占的な技術，商品の差別化，ブランド，継続的なアップグレードなど高次な要因に基づくものなのかを分析することで，経済開発への影響を明らかにしようと試みた (Gereffi and Korzeniewicz 1994, 6)。GCCと問題意識を共有する研究が数多く生まれたが，そのなかで国境を越えて広がる生産から消費までの流れを指す用語として，バリューチェーン，バリューシステム，グローバル生産ネットワーク，バリューネットワークなどが用いられた。2000年に関連する分野の研究者が一堂に会して，これらの概念を広く含む用語として「グローバルバリューチェーン」(Global Value Chain: GVC) を用いることに決め (Gereffi et al. 2001)，GVCという用語が定着した。
(4) 農業分野における取引特殊投資とは，物理的な特性や立地のために他の取引には転用できない施設，設備への投資を指す。生産者がこのような投資を行った場合，当初予定していた買い手以外に農産物を売るのが難しくなる。買い手は独占的な立場を利用して，生産者に対して買い取り価格の引き下げを求めた場合，生産者がこれを受け入れざるを得なくなる。これを生産者の「ホールドアップ問題」と呼ぶ。

第2章

生鮮アスパラガスの輸出拡大

収穫された生鮮輸出用アスパラガス（2005年10月，ペルー・ラリベルタ州，筆者撮影）

はじめに

　近年のペルーの青果物輸出産業の発展は，生鮮アスパラガスの輸出拡大から始まった。ペルーでは以前から缶詰加工用のホワイトアスパラガスが生産され，おもに欧州に向けて輸出されていた。1990年代半ば以降，缶詰輸出が停滞する一方で，1980年代末に始まった生鮮輸出用のグリーンアスパラガスの生産・輸出が，2000年代に入り右肩上がりで成長した。そして現在では最も重要な輸出農産品の1つとなっている。

　ホワイトアスパラガスもグリーンアスパラガスも同じ作物であり，収穫方法がちがうだけである。アスパラガスの新芽が光を受けると光合成によりグリーンアスパラガスになる。また，光が当たらないように新芽が出てくる所に盛り土をして，土の表面から芽が出たらすぐに収穫するとホワイトアスパラガスが収穫できる。ホワイトアスパラガスはおもに缶詰に加工されて，グリーンアスパラガスはおもに生鮮品として，輸出される。

　アスパラガスという同じ作物からなる産品なのに，どうして一方の輸出は停滞し，もう一方の輸出は拡大しているのだろうか。途上国からの農産物輸出が拡大する要因としては，気候や土壌が作物の生育に適して土地生産性が高い，労働集約的な作物の場合，安い人件費が生産コストを引き下げるので価格競争力が生まれる，などの理由が考えられる。しかし生産段階の条件はほぼ同じであることから，生産段階だけをみていては輸出動向のちがいを説明できない。そこでこの疑問を解くために，缶詰品と生鮮品という商品の特徴のちがいと，それに適したバリューチェーンに注目した。

　商品の特徴のちがいについては，缶詰品は長期間保存できる一方で，生鮮品は収穫のあと比較的短い時間で品質が劣化して商品価値が減少する。このちがいにより，南半球に位置するペルーは，北半球の市場国の端境期に，生鮮アスパラガスを供給できるという優位性をもっている[1]。そして品質の劣化が早い生鮮品には，缶詰品とは異なるバリューチェーンの形が求められる。

本章ではまず，国際市場におけるアスパラガスの需給構造を確認するために，生産と貿易のデータを検討する。つぎに，ペルーにおけるアスパラガス産業の展開について，缶詰用アスパラガスの導入にさかのぼって確認する。そして生鮮アスパラガスの拡大を，農企業（アグリビジネス[2]）の参入と新技術の導入に注目して説明する。最後に，缶詰品と生鮮品のバリューチェーンを比較し，アグリビジネスがこの統合を進めたことが，輸出拡大につながったことを指摘する。

第1節　国際市場の需給構造

　国際市場におけるアスパラガスの需給構造を確認するために，国連食糧農業機関（FAO）のデータベース FAOSTAT のデータを用いて，生産と貿易の動向について確認する[3]。アスパラガスはもともと米国や欧州諸国などの主要消費国で生産されていた。しかし近年は，生産が地理的に広がり主要消費国へ輸出するための生産が拡大している。また，アスパラガス貿易は缶詰と生鮮で輸出入の傾向にちがいがみられる。

　まず生産についてみると，1960年代までは米国やフランスなどの主要な消費国が主要な生産国であった。その後，1960年代末から台湾が急速に生産を拡大し，世界有数の缶詰輸出国となった。主要消費国の周辺に位置するスペインやメキシコなどでも生産が拡大した。これらの周辺国は主要消費国より温暖で収穫時期が長く，また人件費が安いなど，供給に有利な条件を備えていた。さらに，台湾が生産を縮小した1980年代に入ってペルーの生産が拡大した。中国では以前から生産されていたが，1990年代には輸出用生産が拡大した。

　つぎに，アスパラガス貿易は缶詰と生鮮に分けられる。缶詰アスパラガスは欧州諸国が主要輸入国である。最大の輸入国であるスペイン市場に注目すると，近年主要な供給国が変化していることがわかる。1990年代半ばまで，

スペインは輸入缶詰アスパラガスのほとんどをペルーから調達していた。1990年代末に中国からの輸入が増え，その量は2002年にはペルーからの輸入を上回った。2000年前後の両国からの輸入単価（輸入額／輸入重量）をみると，中国産の単価はペルー産の5～6割程度である。中国産缶詰アスパラガスは，優れた価格競争力を武器として，欧州市場におけるシェアを拡大していった。

生鮮アスパラガスは米国が主要輸入国である。米国はもともと国内で収穫したアスパラガスを生鮮，缶詰，冷凍などの形で消費していた。しかし1980年代半ば以降，生鮮消費が缶詰消費を上回り，とくに1990年代末以降は生鮮の消費量が大きく増えている（USDA 2005b）。生鮮品の需要が拡大した要因として，米国の社会学者フリードランドは，社会，経済，技術の3つの側面での動向を挙げている（フリードランド 1999, 303-310）。まず社会面では，消費者の高所得化，高学歴化，高齢化を挙げている。このようなプロフィールをもつ消費者は，食品の安全性や健康により強い関心をもち，加工食品よりも生鮮食品を好む。経済面では，資本の移動が容易になり，先進国の資本が，市場国の端境期に農産物を収穫できる産地を確保するために途上国への投資を進めている。技術面では，生産技術の移転により途上国に適応した品種が開発され，世界的なコールドチェーン（低温状態を保持したままの物流システム）の整備により，世界中の産地から先進国の消費者に新鮮な青果物が届くようになった。米国における生鮮アスパラガス需要増加もこの傾向の1つとして理解できる。

米国では，増加する生鮮アスパラガス需要を輸入によってまかなっている。図2-1に1989年と2014年の米国の月別アスパラガス輸入量を原産国別に示した。まず1989年の時点では，1～3月と7～8月はおもにメキシコから，9～12月はチリ，ニュージーランド，ペルーから輸入していた。ちなみに4～6月はカリフォルニア州，ワシントン州，ミシガン州など米国内の産地のおもな収穫期と重なるために輸入量が少ない。つぎに2014年の輸入をみると，1989年と比べて以下の3点が異なっている。第1に，輸入量全体が大幅に増加した。1989年で最も多い3月の輸入量は5500トン程度であったが，2014年

図2-1 米国の月別アスパラガス輸入

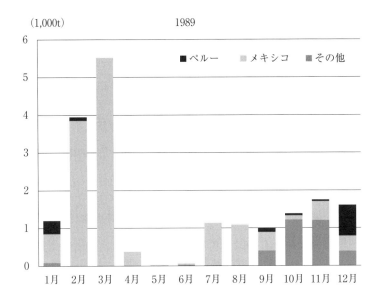

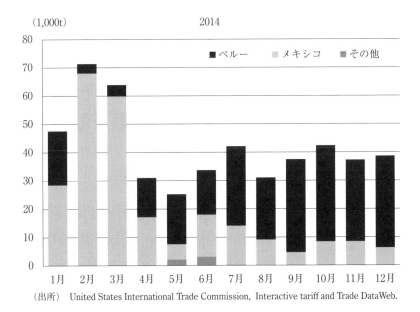

(出所) United States International Trade Commission, Interactive tariff and Trade DataWeb.

で最も多い2月の輸入量は7万トン超と10倍以上に増えている。第2に，4～6月にも2万～3万トンを輸入している。国内のアスパラガス生産面積は縮小傾向にあるため，収穫期であっても国産だけでは需要をまかなうことができず，輸入に依存している。第3に，ペルーの生鮮アスパラガスのおもな収穫期である9～12月には，輸入量の8～9割がペルー産となっている。つまり，ペルーの生鮮アスパラガス輸出は，国内産地やメキシコの産地からの供給が少なくなる9～12月の，米国の端境期に対して供給したことで，米国市場でのシェアを拡大した。さらに最近は，米国の国内産地の収穫期にも輸出している[4]。

加えて，この時期に進んだ貿易自由化の流れもペルーの生鮮アスパラガス輸出の拡大を後押しした。1991年，米国はアンデス特恵関税措置[5]を導入した。当時の米国の輸入アスパラガスに対する関税は，生鮮の場合は21.3％（ただし，9月15日～11月15日までは5％），缶詰の場合14.9％であったが，この措置によりペルー産アスパラガスは関税が免除され，ほかの輸出国に対して有利な条件を得た。

このように，米国で拡大する通年供給の需要に応えることで，ペルーの生鮮アスパラガス輸出は拡大した。ただし，生鮮アスパラガスに対する需要は缶詰アスパラガスとは異なる特質をもっており，その供給に適したバリューチェーンも異なってくる。そこでつぎに，缶詰アスパラガスと生鮮アスパラガスの輸出の展開を検討することで，どのようなバリューチェーンが構築されたのかをみていこう。

第2節　缶詰アスパラガス輸出の展開

1. アスパラガスの導入

輸出用缶詰の原料となるホワイトアスパラガスは，1950年代にペルー北部

の工業都市であるトルヒーヨ市に近接した農業地帯（北部海岸地域）に導入された。最初に栽培をはじめたのは農産物加工を手がけるトルヒーヨ工業協同組合（Coopertiva Industrial Trujillo）である。同社は自社農園にホワイトアスパラガスを導入し，これを缶詰加工して輸出を開始した。1960年にはソシエダコンセルバ（Sociedad Conserva）社が缶詰加工に参入し，1970年代末までこの2社による加工・輸出が続いた[6]。

1960年代末から進められた農地改革で大規模農場が解体されると，中小規模の農民がアスパラガスを栽培し始めた。そして，これを直接または集荷業者などをとおして缶詰工場が買い取るという原料の外部調達が一般的になった。1970年代にはトルヒーヨ市周辺の約1000ヘクタールの農地で約5000トンのアスパラガスが栽培され，2000トン前後の缶詰アスパラガスが輸出された。

1980年代に入って台湾が急速に工業化し，缶詰アスパラガス輸出が減少したことは，ペルーのアスパラガス産業にとって拡大の契機となった。1979年から1984年のあいだに，トルヒーヨ市とその南に位置するサンタ市に4つの缶詰製造企業が設立された。それとともに原料となるホワイトアスパラガスの需要も拡大し，1979年に初めて1000ヘクタールを超えた全国の栽培面積は，1985年には3000ヘクタール，1991年には1万ヘクタール（うち，7000ヘクタールが北部海岸地域）を超えた。輸出量も拡大し，1985年には5000トンを超え，1991年には3万7000トンに達した。デンマークのほか，スペインやフランスなどの欧州諸国が主要な輸出先であった。

北部海岸地域でアスパラガス缶詰産業が成長した理由はいくつか考えられる。第1の理由として，この地域の気候と土壌がホワイトアスパラガスの栽培に適していたことが挙げられる。アスパラガスは気候が温暖な方が生育は早いが，温度が高すぎると貯蔵養分の蓄積が効率よく行われないために，収量が低くて収穫できる年数も短くなる。また，高温多湿の場合，茎枯病という病気が発生しやすい（農山漁村文化協会 2004, 14）。トルヒーヨ市付近の気候は各月の平均最高気温が20〜25度，平均最低気温が14〜18度と年間を通じて寒暖の差が小さく，季節を問わずに栽培ができ，年に2回収穫できるとい

う条件に恵まれていた。土壌については，この地域の畑は砂が多く混じった砂壌土からなっており，土壌が硬くなりにくい。このため，盛り土の中を若茎が真っ直ぐに成長しやすく，ホワイトアスパラガスの栽培に適している。

さらにこれは後の話になるが，1997年にトルヒーヨ市の南に政府による大型灌漑プロジェクトの一部が完成し，約3万4000ヘクタールの灌漑農地が国際入札を通じて販売され，国内におけるホワイトアスパラガス栽培の中心地となった[7]。

第2に重要なのが農業基盤の存在である。トルヒーヨ市の周辺にはペルー北部の主要河川が位置し，これを中心に大規模な灌漑農地が広がっている。ここではサトウキビや飼料用トウモロコシなど商業的な農業が以前から行われており，農業に必要な機械や資材，サービスの関連産業が発達していた。

第3に，トルヒーヨ市の工業基盤である。トルヒーヨ市は国内では首都のリマ市，南部のアレキパ市につぐ国内第3の規模をもつ都市であり，農水産業に関連した製造業が存在した。近くの漁港から水揚げされたマグロを原料にツナ缶を製造する缶詰産業が以前から存在しており，これが缶詰アスパラガス産業の発達に寄与した。

このほか安価な労働力が豊富に存在したことも，アスパラガス産業の拡大を支えた。ペルーでは1960年代以降，アンデスの山間地域から海岸地域へ移民が大規模に流入した。北部海岸地域へも移民が流入し，その多くが農業労働者となった。アスパラガスは収穫に多くの労働力を必要とするが，生産者はこれらの労働者を必要なときのみ雇うことができた。

2．缶詰輸出の停滞

缶詰輸出は欧州をおもな市場として1990年代半ばまで成長するものの，その後は成長が止まった。その理由は国際市場における缶詰アスパラガスの需要が拡大していないことに加え，前述したとおり中国産缶詰が低価格を武器に欧州市場でのシェアを拡大したためである。

ペルー産缶詰アスパラガスが中国産に価格で対抗できなかったのは，新技術の導入などによる生産性や品質の向上を実現できなかったからである。これには，おもに小規模生産者がアスパラガスを栽培し，それを缶詰加工企業が買い取るというバリューチェーンの構造が影響している。

1990年代初めまでには，ハイブリッド種子や点滴式灌漑(かんがい)などアスパラガスの品質と収量の向上を可能にする新しい技術がペルーにも導入された。しかし缶詰用ホワイトアスパラガスを栽培する小規模生産者は資金を調達できず，新技術の導入が難しかった。その理由として当時の経済状況が挙げられる。1980年代末には経済危機が発生し1990年にはハイパー・インフレーションが発生した。それに続く1990年代の経済自由化改革では，政府による経済活動の介入が大幅に縮小された。農業部門では，農業銀行や農業普及員制度の廃止，農業投入財の流通を担っていた公営企業の民営化が行われた。その結果，小規模の生産者は新しい技術を導入しようとしても，必要な資金を得ることができなかった。そして，中国産に対抗するために缶詰加工企業が原料の買い取り価格を引き下げると，多くの生産者がアスパラガス栽培から撤退した。缶詰加工企業は安価で質のよい原料を外部から調達できず，缶詰輸出が停滞した。

第3節　生鮮アスパラガス輸出の展開

缶詰輸出が停滞する一方，2000年代に入って大きく拡大したのが生鮮輸出である。生鮮アスパラガスの輸出は1990年代を通じて徐々に増加していたが，2000年代に入ると急速な勢いで拡大し，2003年には輸出額で缶詰アスパラガスを追い抜いた（図2-2）。

生鮮アスパラガス輸出拡大の中心となったのが，グリーンアスパラガスの生産と輸出に参入したアグリビジネスである。これらのアグリビジネスは，拡大する米国市場の需要に対応するために，おもにペルー南部海岸地域にお

図2-2　ペルーのアスパラガス輸出

(出所)　MINAG (1995), UNComtrade.

いて大規模な自社農場を設立した。そして新しい技術に積極的に投資することで，生鮮輸出用のアスパラガス生産に取り組んだ。

1．アグリビジネスの参入

　ペルーで生鮮輸出用のグリーンアスパラガス栽培が導入されるきっかけとなったのが，1980年代半ばに南部海岸地域に位置するイカ州の農業生産者組合がはじめたプロジェクトである。彼らは，新たな輸出農産物の開発を目的に米国際開発庁（USAID）の援助を受けて米国市場を視察し，有望産品の1つとしてアスパラガスを選定した。そしてイカ州アスパラガス生産者協会（Asociación de Productores de Espárragos de Ica: APEI）を組織した。この協会は米国際開発庁の援助を受けて米カリフォルニア大学デービス校の専門家を招聘し，当時開発されたばかりの品種UC-157のハイブリッド種子を導入して

苗床を設置した。協会のメンバーはこの苗を利用してアスパラガスを栽培，1986年末から輸出をはじめた（IICA 2004, 6-7; IICA s/f; Marañón 1993, 34）。

　南部海岸地域の気候はグリーンアスパラガスの生育に適している。年間をとおして気温が安定している北部に比べ，南部は寒暖の差が大きい。生産地の１つであるピスコ市の各月の平均最高気温は19〜27度，平均最低気温が12〜19度と，北部のトルヒーヨ市と比べて最高，最低気温とも変動の幅が大きい。そのため南部ではおもな収穫期が10〜12月となり，米国やメキシコの端境期と一致する。曇りがちのトルヒーヨ市周辺に比べてイカ州は日照量が多く，盛んな光合成によりアスパラガスの緑色が濃くなることも重要である。さらに，輸出の拠点となるリマ国際空港やカヤオ港まで約200キロメートルと，トルヒーヨ市からの約600キロメートルと比べて近いことも生鮮輸出にとって有利である。

　導入当初は中規模の生産者が中心であったが，1990年代末からは栽培，加工，輸出を一貫して手がけるアグリビジネスが大規模な自社農場を設立して参入した。これは，1990年代に進められた経済自由化により，企業が自由に農地を取得できるようになったためである[8]。アグリビジネスは数百から1000ヘクタールを超える規模の自社農場をつくって，グリーンアスパラガスの栽培をはじめた。その結果イカ州のアスパラガス栽培面積は，1987年の90ヘクタールから，1991年には1000ヘクタール，1997年には5000ヘクタール，2008年には１万ヘクタールを超えた。2013年の国内のアスパラガス栽培面積３万3700ヘクタールのうち，イカ州が約４割を占めている。

　表2-1に，いくつかのアグリビジネスや中規模生産者の特徴を示した。このうちＡ社やＣ社は，製造業や鉱業など豊富な資本をもつ国内の他産業の企業グループで，農業部門に新規参入した。また，Ｂ社は中規模生産者から出発し，欧米の取引相手と共同で出資して農場を拡大した。これらの南部海岸地域に進出したアグリビジネスは，商業銀行が債務の担保物件として差し押さえた農地などを購入した。これらの農地は農業協同組合などが所有し，かつては綿花などを生産していた。しかし資金不足により新規に投資ができ

表2-1 アスパラガスを手がけるおもなアグリビジネスの特徴（2005年10月時点）

事業	企業	地区	操業開始	出資元	アスパラガス栽培面積(ha)	種類[1]	アスパラガスの調達	販売形態	販売先
生鮮輸出が主	A	南部	1995年	製薬、農業	1,200	グリーン	ほとんど自社。1％のみ外部	直接販売が主	2001年米国98％。現在は欧州80％、米国20％
	B	南部	1987年	農業、米国の流通企業が農場に出資	480	グリーン	自社のほか、欧米の輸入企業と共同出資の中規模農場から	委託販売（米国）、固定価格（英国）	欧州70％、米国30％
	C	南部	1998年	鉱業	560	グリーン	ほとんど自社農場から	委託販売（米国）、固定価格（主に欧州）が半分ずつ	米国70％、欧州30％
	D	北部	1989年	養鶏	700	ホワイト→グリーン	全て自社農場から	生鮮は委託販売、缶詰は直接販売	生鮮は米国、缶詰は欧州
	E	北部	1997年		85	ホワイト→グリーン		委託販売	米国
缶詰加工が主	F	北部	1997年	漁業。2003年からスペイン資本45％	1,500	グリーン2/3 ホワイト1/3	20～25％を中規模(30～50ha)、大規模(250～300ha)農場から	缶詰は固定価格、生鮮は委託販売	缶詰はスペイン、フランス、米国。生鮮は米国
	G	北部	1994年	農業	1,100	ホワイト	65～70％は自社農場から、残りは他社から	直接販売1/3 卸売業者1/3 委託販売1/3	欧州、米国
	H	北部	1994年	地場企業40％、デンマーク食品企業60％	885	ホワイト、少量のグリーン	当初はすべて外部調達、のち自社農場での栽培始める		欧州（デンマークなど）。生鮮は北米（米国、カナダ）

表2-1 つづき

事業	企業	地区	操業開始	出資元	アスパラガス栽培面積(ha)	種類[1]	アスパラガスの調達	販売形態	販売先
生産専業	I	北部	1999年		50	ホワイト→グリーン			国内の缶詰加工企業、生鮮輸出業者
	J	北部	1998年	アスパラ集荷業者	105	ホワイト			国内の缶詰加工企業、生鮮輸出業者

(出所) 各企業からの聞き取り調査(2005年10月)とLanderas Rodríguez (2004, 244) に基づき筆者作成。
(注) 1) 矢印は種類の変更を示す。

なかったことから,近年はあまり利用されていなかった。購入した企業は井戸の掘削,用水路や貯水池の建設など灌漑整備に投資し,生産性の高い農地に変えた。このほか,以前は北部で缶詰用のホワイトアスパラガスを栽培していたが,需要の変化に対応して生鮮輸出用グリーンアスパラガスの栽培へと転換した企業（D社,E社）もみられる。

表2-1には生鮮輸出企業のほか,北部海岸地域の缶詰加工企業（F社,G社,H社）の特徴も示した。これらの企業は現在では大規模な自社農場をもち,原料の一部をそこから調達している。参入時は外部調達に依存していた缶詰加工企業が徐々に自社農場からの調達の割合を増やしているのに対して,生鮮輸出のアグリビジネスは当初より自社農場からの調達を前提に参入した点が大きく異なる。

2．新技術の導入

新規参入したアグリビジネスは自社農場に積極的に新技術を導入した。具体的には,点滴式灌漑,ハイブリッド種子,栽培管理の標準化の3つである。これらの導入には大きな初期費用がかかるうえに規模の経済が働くため,導入することができたのは多額の資金と大規模な農場をもつアグリビジネスに限られた[9]。

(1) 点滴式灌漑

点滴式灌漑とは,畝に沿って設置された小さな穴の空いたパイプにポンプで水を送り込んで灌水する灌漑方法である（写真2-1）。点滴式灌漑にはいくつかのメリットがある。第1に挙げられるのは,少ない水量で灌漑ができることである。ペルーの海岸地帯は降雨がほとんどなく,耕作できるのは河川流域の灌漑施設が整っている場所に限られる。さらに河川の流量が十分あるのはアンデス山脈の雨期である11～4月のあいだで,それ以外の時期は井戸水をポンプで汲み上げる必要がある。畝に水を流す通常の灌漑方式（重力灌

写真2-1　点滴式灌漑を備えたアスパラガスの圃場

（2005年9月，ラリベルタ州にて，筆者撮影）

漑）の場合，大量の水を必要とするためにポンプの燃料費がかさみ，生産費用が高くなる。点滴式灌漑なら途中で土壌に吸い込まれることなくパイプからしみ出た水が直接作物に届くため，重力灌漑に比べわずかな水で灌水が可能になる。

　第2のメリットは労働力の削減である。点滴式灌漑では作物以外には水が届かないため，畝に雑草が育ちにくく，除草のための労働力を大幅に削減できる。また，圃場のパイプに送り込む前に水に液肥を混ぜれば，施肥のための労働力も減らすことができる。

　第3のメリットは細かい栽培管理が可能になることである。大規模農場の多くはポンプにコンピュータを接続して点滴式灌漑を管理している（写真2-2）。そのため，アスパラガスの生育段階や気象条件などに合わせて，圃場ごとに灌水量や液肥の種類を変えることが可能である。きめ細かい灌水管理

写真2-2　点滴式灌漑に必要なポンプとフィルター

(2005年9月，ラリベルタ州にて，筆者撮影)

により，収量が改善しただけでなく，収穫時期をある程度調整することも可能になった。

(2) ハイブリッド種子

新技術の2つめはハイブリッド種子である。多くの小規模生産者は自家採取した種を使う。それに対して大規模農場は，米国から輸入するハイブリッド種子（F1）を使うのが一般的である。ハイブリッド種子とは雑種強勢という生物がもつ性質を利用してつくられた種で，自家採取した種と比べると収穫物の量が多くて品質が高いうえに質がそろっている。アスパラガスのハイブリッド種子の費用は1ヘクタール当たり750ドルと非常に高い。しかし一度植えれば10年間はよい収穫が期待できる。そのあいだ高い収量と最上級の等級に選別されるアスパラガスが多く収穫できれば，初期投資は回収できる。

⑶　栽培管理の標準化

　３つめが栽培管理の標準化である。栽培管理方法に関するマニュアルを準備して，大学卒の農業技術者に日々の管理業務を任せることで収穫の量と質の改善を図っている。

　農業技術者の仕事は，つねに圃場を回り生育状況をみながら点滴式灌漑の調節を指示したり，病害虫の予防や発生後の措置をとったりすることである。そのために彼らは国内各地で開催される栽培技術関連のセミナーに参加して，新しい病害虫への対処法や，天敵を導入して害虫の発生を抑えることで農薬の利用を減らす総合的病害虫管理などの手法を学んでいる。

　栽培面積の増加にともなってアスパラガスの病害虫が頻繁に発生するようになった。そのため，病害虫をコントロールするための農薬にかかる費用が増加し，コスト削減が重要な課題となっている。そこで多くの大規模農場では，害虫の発生状況を常時監視することで被害の拡大を防ぐ措置を講じている。大発生後に農薬を散布するよりも総合的病害虫管理などを導入して事前に対策をとれば，安全かつ低コストで害虫をコントロールすることが可能になる。

　これらの技術の効果を具体的にみることは難しいが，導入しているアグリビジネスの大規模農場では年間１ヘクタール当たり最低でも15トン，最大40トンぐらいの収穫が可能である。一方，ペルー全体のアスパラガスの平均収量は約10トンで，多くの小規模生産者はこれ以下である。

⑷　規模の経済

　アグリビジネスだけがこのような新技術を導入できた理由として，初期費用が高額なことと技術導入には規模の経済が働くことが指摘できる。たとえば点滴式灌漑の導入には，１ヘクタール当たり最低でも4000〜5000ドルが必要になる。小規模生産者の多くが栽培している飼料用トウモロコシの場合，年間１ヘクタール当たりの農業所得が1400ドル程度になる。そのような小規模生産者にとっては，点滴式灌漑の導入はかなりの負担になる。さらにアス

パラガスは最初の収穫まで1年半，初期投資が回収できるまで2～3年かかるため，そのあいだの支出に対する準備も必要である。そのような資金を調達できるのは，他産業で蓄積した自己資本を有するか，銀行から融資を受けることが可能なアグリビジネスに限られる。

点滴式灌漑の導入においては，井戸やポンプ，フィルターなどは規模にかかわらない一定の投資が必要になる。これらの固定投資は規模が拡大するほど単位面積当たりの費用が小さくなるため，アグリビジネスの大規模農場だと有利になる。ハイブリッド種子や肥料など栽培面積に応じてコストがかかる投入財についても，アグリビジネスなら大量購入や外国からの直接輸入によってコストを削減することができる。

第4節　アグリビジネスによる統合

生鮮アスパラガスを手がけるアグリビジネスが取り組んだのは，自社農場での生産だけではない。自社農場に隣接してパッキング場や保冷施設を設け，空港までのコールドチェーンを整備した。缶詰と生鮮では需要の特質が異なるため，生鮮輸出にはそれに対応したバリューチェーンが求められる。アグリビジネスは生産から輸出までのバリューチェーンを統合することで，生鮮の需要に対応した。

1．青果物需要の特質

輸出用青果物に対する需要の特徴として品質，安全性，安定供給が挙げられる。まず青果物の品質については，見栄えが重要である。アスパラガスの等級は，長さ，太さ，先端の開き具合，色，茎の曲がり具合などによって決まる。生鮮用に輸出されるグリーンアスパラガスの場合，長さ20センチ前後（収穫時は25センチ前後），太さ1センチ前後，先端が締まり，茎は真っ直ぐ

でほとんどが緑色，病害虫による変色や虫食いがないなどの条件がそろっていれば最も高い等級に選別される。太さや長さが規格から外れている場合はもちろん，先端が開いていたり，茎が曲がっていたりすると，それ以下の等級に選別される。ホワイトアスパラガスの場合も同じような基準が決められている。ただし缶詰に加工する場合，洗浄後に皮をむいて熱湯にとおすため，多少の傷や茎の曲がりは問題とならない。

　品質でもう1つ重要なのが鮮度である。缶詰用に加工されるアスパラガスは，缶詰工場に届くまでに鮮度が失われていなければ問題とならない。それに対して青果物の場合は，最終消費者の手元に届くまで鮮度を維持する必要がある。ペルー産グリーンアスパラガスの場合，収穫後最大3週間までは商品として販売可能な状態を維持できる。ただしそのためには，収穫後できるだけ早く冷蔵して劣化を防ぐことが重要である。さらに加工工場から小売店まで，低温状態を保ったまま輸送するコールドチェーンが整備されている必要がある。

　加えて最近注目を集めているのが，食品の安心・安全である。輸入青果物については，規制されている残留農薬が輸入時の検査でみつかる事例が近年相次いでいることもあり，消費者のあいだで安全性に対する懸念が高まっている。そのため，生産・流通・販売の各段階をとおして，安全性を確保するための管理体制の整備が求められる。

　安定供給については，スーパーマーケットなど大規模の小売店や外食産業に販売する場合にとくに重要となる。ペルーの生鮮アスパラガスは，おもに9～12月のあいだに米国市場向けに輸出される。この期間をとおして，顧客の要望に応じて安定した量を出荷することができれば大きな利益につながる。そのためには単に収穫できたものを販売するのではなく，需要に合わせて栽培する供給体制の確立が求められる。

２．バリューチェーンの統合

　このような特徴の青果物需要に適したバリューチェーンを構築するために，アグリビジネスはアスパラガスの生産，パッキング，輸出を統合した。ここでは，1990年代半ばまでの缶詰アスパラガスと，2000年代以降の生鮮アスパラガスのバリューチェーンを比較してみよう。

　缶詰アスパラガスの場合，輸出の成長が止まった1990年代半ばまでは，おもに中小規模の生産者が原料となるホワイトアスパラガスを生産していた。集荷業者が生産者の圃場を回りながら，収穫されたアスパラガスをその場で買い付けた。それを集荷場で洗浄，選別し，加工企業に販売した。加工企業は仕入れたアスパラガスを原料に缶詰に加工し，それを市場国の食品輸入企業に販売した。このバリューチェーンでは，生産，集荷，加工の各過程を独立した経済主体が担い，現金取引による売買を中心とした取引関係によって結び付いていた（図2-3左）。このバリューチェーンの構造は20年以上も続いたことから，缶詰アスパラガスの供給には適していたと考えられる。しかし生鮮アスパラガスの供給に際しては，鮮度の維持や安全性の確認などさまざまな問題が生じた。

　新たに参入したアグリビジネスは，生産から輸出までの各段階を統合することで，生鮮アスパラガス輸出を増やすことに成功した。具体的には，大規模の自社農場を設立し，新技術を導入して質の高いアスパラガスを大量に生産した。収穫したアスパラガスは農場に隣接するパッキング場で処理し，整備されたコールドチェーンを利用して飛行機または船で市場国まで輸送した。市場国では，現地のブローカーに販売を委ねる委託販売に加え，スーパーマーケットなど小売業者への直接販売を増やした（図2-3右）。このようなバリューチェーンの統合は，(1)認証取得・履歴管理，(2)物流の統合，(3)計画栽培の導入の３点において，青果物需要の特質に合致している。

図2-3 アスパラガスのバリューチェーンの変化

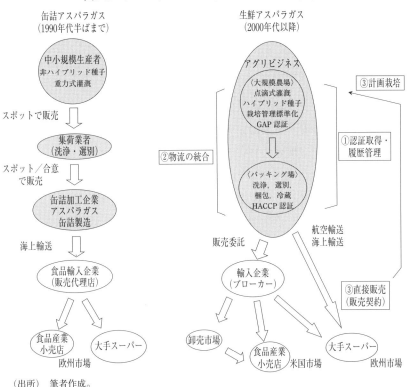

(出所) 筆者作成。

(1) 認証取得と履歴管理

生産や加工段階における認証取得と履歴管理は，輸入青果物の安心・安全を確保し，それを消費者に伝えるための有効な手段である。アグリビジネスは生産から輸出までを統合することで，これらの導入を可能にした。

途上国から青果物を輸入する先進国のスーパーマーケットの多くが，その青果物の安全・安心を確認するために生産者に求めるのが，農産物の生産段階や加工段階での生産管理にかかわる認証である。その1つである農業生産工程管理（Good Agricultural Practice: GAP）は，農産物の安全や農業における環境保全を確保するための農場管理の基準を定めている[10]。農産物生産の各

段階で，農産物の安全を確保してそれを記録に残す管理体制を整備して実践することで，認証を取得できる。また，農産物のパッキング場や加工場などに対して求められるHACCP（Hazard Analysis and Critical Control Point——ハサップと読む）は，製造や加工における食品の安全性を確保する管理手法を定めている[11]。

生鮮アスパラガスの販売先である欧米のスーパーマーケットの求めにより，ペルーでは2000年代の早い段階から，アグリビジネスは自社農場ではGAP，パッキング場や加工場ではHACCPの認証取得に取り組んでいた。たとえばGAPでは，圃場の土壌・水質の分析，農機具の消毒，農薬保管庫の設置，農薬散布時の労働者の安全対策，肥料や農薬の散布の記録，労働者用のトイレと手洗い場の設置，労働者の健康状態の確認などについて，管理体制を構築し，遵守に努めていた。またGAP認証は取得したあとも，定期的に監査を受けて更新する必要がある。

さらに欧米のスーパーマーケットに納入するには，単に認証を取得するだけでなく，生産などの履歴を管理して，トレーサビリティを確保することが求められる。トレーサビリティとは，生産から消費までの各段階の情報をさかのぼって確認できることを指す。青果物の場合，いつ，どの圃場で，どのような肥料や農薬を利用したかなどの情報を出荷するロットごとに記録して保存し，スーパーマーケットの求めに応じて提供することが求められる。

缶詰加工企業向けにアスパラガスを生産していた中小規模の生産者は，このような認証取得や履歴管理は求められていなかった。認証取得や履歴管理には，時間，手間，費用がかかることもあり，ほとんどの小規模生産者はこれに対応できなかった。

それに対して自社農場を抱えるアグリビジネスは，履歴管理を取り入れた生産管理システムを導入している。システムの導入には大きな初期投資が必要になるが，生産規模が大きければ，農産物1単位当たりの費用を小さくすることができる。このシステムは，播種から収穫までの時期や灌水の状況，農薬や肥料の散布量を圃場の区画ごとに記録している。区画ごとに収穫した

アスパラガスを同一のロットとして洗浄，選別，パッキングしている。これにより，輸出されるパッケージについているバーコードを読み取れば，それがいつ，どの区画から収穫され，どのような生産履歴をもっているかを即座に確認できる体制を整えている。

　(2)　物流の統合

　青果物輸出では消費者の手にわたる段階まで鮮度を維持することが必要になる。アグリビジネスはバリューチェーンの統合により，栽培から輸出までの物流を整備してより高い鮮度の維持を可能にしている。

　缶詰アスパラガスの場合，集荷業者は1日に1，2回，小規模生産者を回って収穫されたアスパラガスを集めて洗浄，選別し，加工企業に運ぶ。この場合，収穫されたアスパラガスは半日近く圃場において常温で保存され，そのあいだに劣化が進む。一方アグリビジネスの場合，圃場で収穫されたアスパラガスは1時間未満でパッキング場に運ばれ，洗浄，選別，パッキングされて保冷倉庫に保存される（写真2-3）。収穫から冷蔵までの時間を短縮することにより，劣化を抑えて商品としての寿命を延ばすことができる。

　パッキング場から出荷されたアスパラガスは保冷トラックでリマ市にある国際空港まで運ばれ，航空機に積み替えられて米国や欧州諸国に輸出される。1990年代半ばまではこの空港に青果物輸出に適した施設がなく，コールドチェーンが分断して品質の劣化が進むことが問題になっていた。空港内に保冷倉庫がなく，トラックから降ろされたアスパラガスは航空機に積み込まれるまで，場合によっては数時間以上常温におかれていたためである。

　この問題の解決に取り組んだのが，おもに生鮮アスパラガス輸出を手がけるアグリビジネスが集まって組織したフリオアエレオ（Frío Aéreo）という団体である。1998年に設立されたこの団体は，リマ国際空港内で輸出用青果物の保冷倉庫を建設・運営し，航空機への積み込みサービスを提供し始めた。これにより，以前は航空機への積み込み時に切れていたコールドチェーンが産地から消費地までつながり，ペルー産生鮮アスパラガスの質が向上した。

写真2-3　生鮮アスパラガスのパッキング場

(2005年9月，イカ州にて，筆者撮影)

さらにフリオアエレオは，保冷庫にもち込まれたアスパラガスの温度，等級，保冷庫から出されて航空機に積み込まれるまでの時間などの情報を，生産企業別，航空会社別にまとめて定期的に利用者に公表することで各利用者の全体のなかでの位置づけを示し，品質や物流サービスの改善を促している。

(3) 計画栽培の導入

　生産から輸出までのバリューチェーンを統合したアグリビジネスは，輸入業者をとおした委託販売だけでなく，スーパーマーケットなど大規模な小売業者などへの直接販売を増やすことで，生鮮輸出を拡大している。

　アスパラガスをはじめ青果物を輸出する場合，大きく分けて委託販売と直接販売の2つの販売形態がある。委託販売では，輸出企業が市場国の輸入業者などのブローカーに商品を託し，ブローカーが顧客をみつけて価格を交渉

して販売する。ブローカーは売り上げから販売手数料を差し引いて輸出企業に支払う。輸出企業はその商品が誰に販売されるかは事前にはわからず，価格もブローカー任せとなる。このため，市場の需給状況の変化により，販売量や価格が輸出企業の予想とは大きく異なることも多い。これに対して直接販売では，輸出企業が買い手となるスーパーマーケットや食品企業と交渉し，事前の合意に基づき販売する。たとえば米国のウォルマート，フランスのカルフール，英国のテスコ，日本のイトーヨーカドーなどの大手スーパーマーケットなどを顧客としている。顧客とのあいだにブローカーや青果物専門商社が入る場合もある。合意内容には青果物の品質と数量，納入の時期，価格が含まれる。店頭にそのまま並べられるよう，買い手が梱包材や梱包形態を指定することも多い。

　ペルーの生鮮アスパラガスを輸出しているアグリビジネスによれば，当初は米国向けの委託販売が多かったが，のちに欧州向けを中心に直接販売の割合を増やした。供給側からみた直接販売のメリットは，事前に買い手，販売量，価格が確定することである。事前に毎月，毎週の出荷量が確定すれば，週ごとの目標収穫量を定めた詳細な栽培計画を立てることができる。それに合わせて播種の時期を決め，圃場や資材を準備し，点滴式灌漑の調整をする。実際には直接販売で合意した供給量を必ず確保できるように多めに栽培し，それを上回った分は委託販売に回している。市場価格の高騰時と比べると，直接販売の合意価格は安いことが多いが，市場価格が大幅に下がった場合でも安定供給を条件に一定の価格水準は維持される点が有利である。

　このほかに直接販売のメリットとして，販売先から需要に関する情報がもたらされることが挙げられる。委託販売の場合には，供給側と需要側のあいだでは商品と代金以外のやりとりはほとんど発生しない。しかし直接販売によって固定的な関係が長期間続くことで，商品の仕様，クレーム，新しい需要に関する情報が需要側から供給側に伝えられる。たとえば，国によってパッケージの重さや利用される梱包材が異なるが，これらはスーパーマーケットから商品の仕様について具体的な指示がある。販売時には規定の重量に満

たないというクレームがあれば，輸送時の水分蒸発を想定してパッキングするという対応がとれる。また，アスパラガスの先端だけ欲しいという要望に対しては，先端だけを切ってトレーに並べた商品を開発して供給する。固定的な関係が長期間続けば，販売先からの情報を栽培，加工，輸送など各工程の改善や，より付加価値の高い製品の開発に結び付けることができる。

おわりに

本章は，ペルーのアスパラガス輸出の近年の傾向が缶詰品と生鮮品で異なる理由について，商品の特徴のちがいと，バリューチェーンの構造に注目した。1990年代前半までは，アスパラガスの生育に適した土壌や気候，豊富で安価な労働力に基づいた優位性により缶詰輸出を拡大してきた。しかし中国産缶詰が低価格を武器に欧州市場で拡大すると，ペルーの缶詰輸出は伸び悩んだ。

国際市場における生鮮需要が米国を中心に増大すると，市場国とは収穫期が異なるという優位性を利用して，ペルーの生鮮アスパラガス輸出が拡大した。ここでは新たに参入したアグリビジネスが主役となった。缶詰と異なり生鮮は，北半球の産地の端境期に合わせて供給する必要がある。そして収穫時の品質が高いことはもちろん，消費者に届くまで鮮度を維持できるような仕組みが必要である。加えて，肥料や農薬の散布などの生産履歴のトレーサビリティの確保も求められる。このように缶詰と生鮮では需要の特質が異なるため，生産者，集荷業者，加工業者といくつもの経済主体からなる従来の缶詰アスパラガスのバリューチェーンでは対応できなかったのである。大規模自社農場を設立して生産に参入したアグリビジネスは，土壌，気候，労働力など，ペルーがもともと備える優位性に頼るだけでなく，農場に最新技術を導入し，生産から輸出までを統合することで，青果物輸出に適したバリューチェーンをつくり上げた。その結果，ペルーの生鮮アスパラガス輸出は

第2章　生鮮アスパラガスの輸出拡大　59

増加を続けたのである。

　さらにアグリビジネスは，生鮮アスパラガス輸出のために構築したバリューチェーンを，ほかの作物でも活用し始めた。これにより，生鮮アスパラガスの輸出は，複数の生鮮野菜や果物を含む青果物輸出産業へと成長した。次章ではこの産業の成長をとりあげる。

〔注〕
(1) 市場国の端境期に生産することを，カウンターシーズンの生産（counter-season production）と呼ぶ。
(2) アグリビジネスとは，種子や農薬などの農業資材供給，穀物の貯蔵・流通，食肉の加工などを手がける多国籍企業を指す場合が多い。しかし本章では，おもに地場資本により設立され，農業生産，加工，輸出などに従事する企業を指す。
(3) 本節で扱った国際市場における需給構造については，本章のもととなった論文（清水 2007）で詳しく論じている。
(4) 米国の端境期に対しては，チリも1990年代初めまで主要供給国の1つであった。しかしチリの生鮮アスパラガス輸出量は1999年にピークに達したのちに減少し，2000年からは輸入が始まった。そして2008年以降は輸入量が輸出量を上回っている。これは国内の需要量が拡大したためだと考えられる。
(5) アンデス特恵関税措置（Andean Trade Preference Act: ATPA）は，アンデス諸国で違法に栽培されるコカに代わる作物の開発を目的として導入された。2002年にアンデス貿易特恵法（Andean Trade Promotion and Drug Eradication Act: ATPDEA）として延長され，関税の免除が継続された。その後，ペルーは米国と2006年に自由貿易協定を調印した（2009年2月発効）。
(6) 輸出用缶詰アスパラガス栽培の沿革については，Elías Minaya（1995）を参照した。このほかペルーのアスパラガス産業については，労働者に関する研究（Marañon 1993）や小規模生産者の競争力に関する研究（Huamán 1999）がある。
(7) この灌漑プロジェクトは，ラリベルタ州南部にあるチャオ川，ビルー川，モチェ川，チカマ川をまたぐ灌漑水路を建設することからそれぞれの頭文字をとって，チャビモチック（Chavimochic）プロジェクトと呼ばれる。3つの川のあいだに位置する砂漠を農地に転換するもので，これまでに6万6000ヘクタールが整備され，国際入札によって国内外の企業や生産者に販売された（Landeras Rodríguez 2004; Proyecto Especial Chavimochic ウェブサイト）。
(8) 企業による農地の所有は，1991年の農業投資促進法（Decreto Legislativo

No. 653: Ley de promoción de las inversions en el sector agrario) によって制限が緩和され，1995年の「経済開発を目的とした国や共同体の土地に対する民間投資に関わる法律」（Ley No. 26505: Ley de la inversión privada en el desarrollo de las actividades económicas en las tierras del territorio nacional y de las comunidades campesinas y nativas）で自由化された。

(9) 新技術の導入に関わる技術や管理の詳細については，ラリベルタ州とイカ州で2005年9月と2006年9月に実施したアスパラガス生産者へのインタビュー調査で入手した情報に基づく。

(10) GAPについては，農林水産省（http://www.maff.go.jp/j/seisan/gizyutu/gap/）や日本GAP協会（http://jgap.jp/）のウェブサイトを参照。

(11) HACCPについては，厚生労働省のウェブサイトを参照（http://www.mhlw.go.jp/stf/seisakunitsuite/bunya/kenkou_iryou/shokuhin/haccp/）。

第3章

青果物輸出産業の成長

収穫を待つマンゴ(2012年2月,ペルー・ピウラ州,筆者撮影)

はじめに

　チリやメキシコなど青果物輸出の拡大で成功した国々は，特定の農産品だけでなく，さまざまな品目の青果物へと輸出産品の多様化を進めている。チリは当初，ブドウやリンゴの輸出に取り組んだが，その後，洋なし，アプリコット，チェリー，ネクタリン，プルーンや，ブリーベリー，クランベリー，ラズベリーなどのベリー類，キウイフルーツ，アボカドなどさまざまな果物において主要な輸出国になった。メキシコの場合，野菜と果物の両方を輸出している。野菜では，最も重要なトマトのほかに，パプリカ，キュウリ，スクワッシュ，タマネギ，アスパラガス，ナスなどを輸出している。果物では，アボカド，マンゴ，イチゴ，スイカなどの輸出において，主要輸出国の１つになっている。

　青果物輸出の拡大に力を入れているペルーも，先行国であるこれらの国々を追いかけるように，輸出産品の多様化を進めている。2000年代初めから輸出を増加した生鮮アスパラガスに続いて，2000年代後半からは，ブドウ，アボカド，マンゴ，バナナ，マンダリン・オレンジなどの輸出を増やしている。

　青果物輸出が拡大した要因としてチリやメキシコの事例をとりあげた先行研究は，天候や土壌などの農産物の生育に適した条件，主要市場国の端境期の供給，政治の安定による農業部門への投資の増大，安い労働コスト，青果物輸送に適した輸送インフラ，植物検疫体制の整備，政府による産品のプロモーションなどを指摘している（Llambi 1994; Casaburi 1999）。

　第２章でみたとおり，ペルーの生鮮アスパラガス輸出が拡大した要因も基本的にはこれら先行国と共通している。さらに，１つの青果物輸出が拡大すると，その経験を応用することによってほかの青果物輸出も増え，多様化が進むと考えられる。そこで本章ではペルーを事例に，青果物輸出がどのように多様化したのかを検討する。まず，ペルーの青果物輸出拡大の特徴を概観する。つぎに，青果物の多様化が進んだ要因を，個別経営体の視点から考察

する。最後に，国レベルでの青果物輸出産業への取り組みとして，植物検疫体制の整備に注目する。

第1節　青果物輸出の増加

　ペルーでは2000年代に入って農産物の輸出が急増した。1990年に3億ドル弱だった輸出額は，2004年に10億ドル，2014年には50億ドルを超えた。ペルー中央銀行の統計は，農産物輸出を伝統的産品と非伝統的産品に分類している。伝統産品はコーヒー，綿花，砂糖で，このうち綿花と砂糖は現在ほとんど輸出していない。非伝統的産品は野菜や果物の生鮮品と加工品が主で，1990年代に入って野菜の加工品，次いで2000年代に入って生鮮野菜，さらに2000年代の末からは生鮮果物の輸出が増えはじめた。2014年の農産物輸出額50億ドルのうち，全体の3分の1を占めるのが生鮮果物で16億ドル，次いで生鮮野菜が11億ドル，コーヒー（生豆）が7億ドル，野菜加工品が4億ドルを占めている。

　生鮮果物・野菜など青果物輸出の内訳をみると（図3-1），2014年の輸出額は多い順からブドウの6億4300万ドル，アスパラガスの3億8500万ドル，アボカドの3億400万ドル，以下マンゴ，バナナ，マンダリンが1億ドル以上である。メキシコのトマト（17億8800万ドル）やチリのブドウ（11億3000万ドル）と比べるとまだまだ少ないものの，2000年代後半から2010年代の前半の比較的短いあいだに，生鮮アスパラガスに続いて主要な青果物輸出に成長していることがわかる。

　ここに挙げた6種類の青果物のうち，第2章でとりあげたアスパラガスは輸出産品としてペルーに導入された。これに対してそれ以外の作物は，もともと国内需要があり，従来はおもに国内市場向けに生産されてきた。しかし青果物輸出の拡大にともない，輸出に適した特定の品種の生産が増加しているほか，伝統的な産地とは異なる新興産地における生産が大きな割合を占め

図3-1 ペルーの青果物輸出

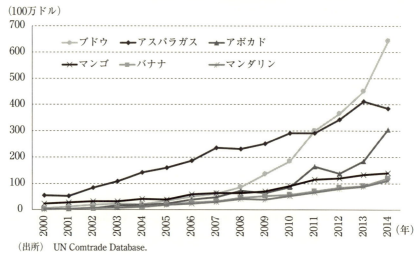

（出所）UN Comtrade Database.

るようになっている。

　たとえばブドウの場合，ペルーの中部海岸地域のリマ州やイカ州が伝統的な産地で，その多くはワインやピスコ（ブドウの蒸留酒）の原料として使われていた。しかし，2000年代の後半からイカ州で輸出を目的とした生食用ブドウ（table grape）の生産が増えた。レッドグローブ，クリムソン・シードレス，フレームシードレス，トンプソン・シードレスなど，世界でも主要なブドウの産地である米国のカリフォルニア州やチリのセントラルバレーで生産，輸出されるものと同じ品種である。そして2000年代末にペルー北部海岸地域のピウラ州がこれらの品種の生育に適していることがわかると，生鮮輸出を目的とした生産への投資が相次いだ。同州のブドウ収穫面積は，2005年のゼロから2013年には4200ヘクタールまで拡大し，イカ州の8700ヘクタールに続いて国内第2のブドウ産地に成長した。2013年のピウラ州のブドウ生産量は，イカ州の16万9000トン（全国生産の38％）に次ぐ12万6000トン（同15％）となっている。1ヘクタール当たりの収量でみると，イカ州の19トンに対してピウラ州は30トンに達していることから，新しい栽培技術を導入して

生産性の高いブドウ生産に取り組んでいるとみられる（MINAG SHPA）。

ブドウ，アスパラガスに次いで輸出量が増えているアボカドについても，同様の傾向を指摘できる（清水 2016）。アボカドの伝統的な産地は，ペルー中部のアンデス山脈の東側の麓にあるアマゾンの熱帯低地に近いチャンチャマヨ郡や，リマ州東部に位置しアンデス山脈の入り口にあるワロチリ郡である。ここでは，国内市場で好まれるフエルテ種やクレオール種がおもに栽培されている。それに対して1990年代末からは，リマ州の海岸に近い地域や北部海岸地域のラリベルタ州，2000年代半ばからは南部海岸地域のイカ州で，輸出向けのハス種（Hass）の生産が拡大した。2013年の収穫面積でみると，第1位が5800ヘクタールのラリベルタ州で，全国の22％を占めている（写真3-1）。これにリマ州（4600ヘクタール，18％），フニン州（3900ヘクタール，15％），イカ州（3000ヘクタール，12％）が続く（MINAG SHPA）。

伝統的な産地であるフニン州と新興産地の代表であるラリベルタ州を比べると，農場の規模別分布も大きく異なる。2012年の農業センサスのデータによれば，フニン州は50ヘクタール未満の農場が9割以上を占めるのに対して，ラリベルタ州は100ヘクタール以上の農場が7割を超えている。

写真3-1　ラリベルタ州のアボカド畑

（2012年11月，筆者撮影）

これ以外の作物については，マンゴはピウラ州，マンダリンはリマ州，イカ州，フニン州が国内生産のほとんどを占めている。マンゴの場合，最近は米国向け輸出の主要品種であるケント種の生産が増えている。一方バナナについては，ペルー北東部の熱帯低地に位置するサンマルティン州，ロレト州，ウカヤリ州などの生産量が多いほか，国内で数多くの産地がある。ただしペルーがおもに輸出するのは，有機農産物やフェアトレードとして取引される比較的単価が高いバナナである。これらはおもに北部海岸地域のピウラ州やトゥンベス州で生産されている。

このように近年輸出が増えている青果物の多くが，ラリベルタ州，リマ州，イカ州などの海岸地域で生産されているが，それらの多くは生鮮アスパラガスの輸出で成長したアグリビジネスによるものである。これらのアグリビジネスは，作物を多様化することで競争力を向上し事業の拡大をめざしている。

第2節　輸出用青果物の多様化

1990年代後半から2000年代前半にかけてアスパラガス輸出に参入したアグリビジネスは，当初はアスパラガスの生産と輸出に集中していた。しかし同時に，輸出青果物多様化の準備も進めていた。以下で具体的な3つの事例を紹介して，地域ごとの輸出青果物の多様化について整理したあと，多様化がどのようなメリットにつながるかを検討する。

1．アグリビジネスの取り組み

カンポソル社（Camposol）[1]は現在，ペルー最大の青果物輸出企業の1つで，国内で漁業と魚粉の製造・輸出を手がけるゴンザレス・ファミリーが1997年に設立した。同社は，北部海岸地域のラリベルタ州で政府が開発を進めた大型灌漑プロジェクトにおいて，約2300ヘクタールの農地を国際入札によって

購入し，アスパラガスの栽培を始めた。1998年にはピウラ州でも農地を取得したほか，1999年にはラリベルタ州チャオ地区のトマト加工工場を買収し，缶詰加工を始めた。2005年の時点では，ラリベルタ州で6900ヘクタール，ピウラ州で2600ヘクタールの合計9500ヘクタールを所有していた。うち，ラリベルタ州ではアスパラガス（1500ヘクタール），アボカド（800ヘクタール），パプリカ（550ヘクタール），アーティチョーク（400ヘクタール），ポロネギ（50ヘクタール）を，ピウラ州ではマンゴ（500ヘクタール）を生産していた。アスパラガスはホワイトとグリーンの両方を栽培し，缶詰アスパラガスはおもに欧州へ，生鮮アスパラガスはおもに米国へ輸出していた。同社が輸出する農産物は缶詰が中心であったが，2012年には生鮮が缶詰を上回った。2015年の時点ではアボカド（2600ヘクタール），アスパラガス（2400ヘクタール），マンゴ（450ヘクタール），パプリカ（330ヘクタール）のほか，ブドウ（450ヘクタール），ブルーベリー（200ヘクタール），オレンジ（100ヘクタール）など新しい作物も栽培している。輸出形態は，アスパラガスとマンゴが生鮮，缶詰，冷凍，アボカドが生鮮と冷凍，ブドウとブルーベリーが生鮮，パプリカとアーティチョークが缶詰である。このほか2006年にはエビの養殖を開始し，2014年には1200ヘクタールで生産し，冷凍で輸出している。

　北部海岸地域の養鶏企業が農業部門に進出するために1989年に設立したのが，タルサ社（TALSA）である[2]。同社は点滴式灌漑をイスラエルからペルーに初めて導入した企業で，この技術を利用して1990年に北部海岸地域で缶詰用ホワイトアスパラガスの試験栽培を開催した。1994年には200ヘクタールに拡大して本格的栽培に乗り出すとともに，缶詰工場を建設して，缶詰アスパラガスの生産とおもに欧州への輸出を始めた。北部海岸地域の大型灌漑プロジェクトにおいて，2001年に490ヘクタール，2004年に1900ヘクタールを購入している。中国による缶詰アスパラガスの輸出拡大を受けて，2000年代半ばに主力製品を欧州向け缶詰アスパラガスから，米国向け生鮮アスパラガスへと転換した。アーティチョークやパプリカの栽培と缶詰の生産・輸出も手がけている。2005年からアボカド，2011年からブルーベリーの生産を開始

した。2012年時点の栽培面積はアボカドが800ヘクタール，アスパラガスが700ヘクタール，ブルーベリーが120ヘクタールである。アーティチョークとパプリカの生産からは撤退し，現在は青果物輸出がビジネスの中心になっている。今後はブドウやサクランボの生産・輸出への参入も検討している。

　上の2社が北部海岸地域を拠点として，缶詰アスパラガスの生産・輸出から始めたのに対して，国内の製薬企業グループが設立したアグロカサ社（Agrokasa）は，中南部海岸地域を拠点として，青果物輸出に特化している[3]。1995年にイカ州で200ヘクタールの農地を購入，さらに1997年には1200ヘクタールの農地を購入した。同社がこれらの農場でまず栽培を始めたのが生鮮輸出用のアスパラガスである。2005年に筆者がイカ州の農場を訪問した際にはグリーンアスパラガスの栽培が主で，それ以外に4種類の生食用ブドウを合計約100ヘクタールの規模で栽培しはじめたところであった。2005年末にはリマ州北部で2300ヘクタールの農場を購入し，ここではおもにアボカドの栽培を始めた。2015年時点の栽培面積は，アボカド（944ヘクタール），アスパラガス（905ヘクタール），ブドウ（451ヘクタール）となっている。これ以外にもブルーベリーの栽培も準備しており，2015年末までに160ヘクタールの規模で栽培を始める予定である。

　これらの事例に基づいて，輸出青果物の多様性について時間を追って地域別にまとめると以下のようになる（図3-2）。まず1980年代までに北部のピウラ州では国内市場向けのマンゴやバナナ，ラリベルタ州で缶詰用のホワイトアスパラガス，アーティチョーク，パプリカが，中部リマ州では国内市場向けアボカドや柑橘類が栽培されていた。1990年代に生鮮グリーンアスパラガスの輸出が始まるが，これは気候条件が最も適していた南部海岸地域のイカ州が中心となった。1990年代末になると，北部でグリーンアスパラガスの栽培が広がると同時に，輸出用アボカドの栽培も始まった。2000年代には南部で生食用ブドウの栽培が始まった。リマ州でも輸出向けのアボカドと柑橘類の生産が広がった。また，生食用ブドウの栽培適地であることが明らかになったピウラ州では，2000年代末から急速に栽培が増加した。さらに2010年代に

図3-2 主要州における青果物輸出の多様化

(出所) 筆者作成。

入ってからは，ラリベルタ州やリマ州でブルーベリーの栽培が始まっている。

　生鮮アスパラガスの輸出で成長したアグリビジネスは，複数の地域に農場を所有し，ホワイトアスパラガス，グリーンアスパラガスのほか，アボカド，ブドウ，マンゴ，ブルーベリーなど，取り扱う輸出青果物を多様化している。

2. 作物多様化のメリット

　青果物輸出を手がけるアグリビジネスが，アスパラガスのほかにも新たな作物に積極的に取り組んでいるのは，作物の多様化が大きなメリットをもたらすからである。具体的には労働需要や施設稼働の平準化，アスパラガスで得た経験の応用，そして不確実性の低減である。

　輸出青果物の多様化を進める理由として，アグリビジネスの経営者がまず指摘するのが，労働需要や施設稼働の平準化である。企業が農業生産を手がける場合に直面する問題の1つが農業の季節性である。農業は農繁期と農閑期で必要な労働力の需要が大きく異なる。単一の作物を生産する場合，農作業に合わせて必要な労働力を必要な期間だけ確保する必要がある。しかしペルーでは近年続いた好景気のために，輸出向け農業が盛んな海岸地域においては，労働力の調達が難しい状態が続いていた。たとえば海岸地域の失業率は，2002年の8.6％から2012年の4.8％へと減少している（INEI Series Nacionales）。このような地域において季節ごとの不安定な雇用では，多少待遇が良くても，なかなか十分な労働力を確保することが難しかった。また，収穫した作物を洗浄，選別，包装するパッキング施設についても，単一の作物だけを扱う場合には年間の稼働期間が収穫期の数カ月に限られる。多額の投資を回収するためにパッキング施設の稼働率を年間を通して高めることが課題となる。

　これらの問題を解決するのが輸出青果物の多様化である。農繁期が異なる複数の作物を組み合わせることで，農場で必要な労働需要を平準化できる（図3-3）。たとえばアスパラガスだと収穫期は9～12月に集中するが，ブドウとアボカドを加えれば6～1月までとなる。より長期間の雇用を提供することができれば，同じ労働者を雇用し続けることが可能になり作業効率も向上する。パッキング施設もより長い期間稼働できるため，性能のよい冷蔵装置への投資が正当化できる。このような平準化によるメリットは，農場やパ

図3-3　作物別出荷時期

収穫月	1	2	3	4	5	6	7	8	9	10	11	12
アスパラガス	░	░	░	░	░	░	░	░	░	░	░	░
ブドウ	■	■	░							░	░	░
アボカド			░	░	░	■	■	■	░			
マンダリン				░	░	░	■	■	░	░		
マンゴ	■	░									░	░
ブルーベリー									░	░	░	░
ザクロ			░	░								
パプリカ	░	░	░	░	░	░	░	░	░	░	░	░

（出所）　主要青果物輸出企業（Camposol 社，Damper 社，Agrokasa 社）ウェブサイトから作成。
（注）　░は出荷可能時期，■はとくに出荷が多い時期。

ッキング場だけでなく，管理部門や販売部門についても当てはまる。

　つぎに経営者が指摘するのが，ほかの輸出青果物への参入が比較的容易な点である。それは，生鮮アスパラガス輸出に必要な圃場や機材のほか，経験や販売ネットワークが，ほかの輸出青果物でも利用できるからである。アグリビジネスが大規模農場を設置する海岸地域では点滴式灌漑が必須になる。ポンプやフィルター，灌漑用パイプなどの多くが複数の作物で共用できる。また，新規の作物を導入する際は欧米からコンサルタントを雇い，複数の品種を試験栽培して，そのなかから選別して本格的に導入する。作物がちがえばその特性も異なるが，新しい技術を導入する手順はおおむね似ている。さらに販売面でのメリットも大きい。アグリビジネスは欧米の青果輸入業者に販売している。これらの業者の多くは，まだそれほど普及していない熱帯果物や，本国で収穫できない時期に外国から産地リレーでさまざまな青果物を調達する。納入にあたっては，単一の作物を年間に数カ月間だけ供給するのに比べ，複数の作物をより長期間供給することで，販売側は交渉力を高めることができる。

　最後に作物多様化のメリットとして挙げられるのが，農産物の生産や販売にかかわるさまざまな不確実性の低減である。生産面では，気候や病害虫に

よる生産の変動がある。輸出農産物が栽培されるペルーの海岸地域は気候が比較的安定しているものの，大規模な圃場での栽培により，病害虫が発生し収穫量が減少した例が過去にもあった。作物が複数あれば，その生産量が同時に大きく減少する可能性は小さい。販売面では投入財の購入価格や農産物の販売価格が変動する。青果物市場では，出荷が集中して供給過剰になると，販売価格が大きく下落する可能性がある。しかし作物が複数あれば，その価格が同時に大きく下落する可能性は小さい。さらに輸送面でも多様化のメリットがある。2000年代には原油価格が高騰し，それにより航空輸送のコストが大幅に上昇した。輸送コストの上昇は小売価格を押し上げ，その青果物の価格競争力低下につながる。輸送コストの変動による影響を抑えるために，アグリビジネスは海上輸送が可能なアボカドやブドウへの取り組みを進めた。

第3節　植物検疫体制の整備

前節ではアグリビジネスを事例に，個々の経営体のレベルでペルーが青果物輸出を増やした要因を検討した。しかし多様化による青果物輸出の拡大においては，個々の経営体の取り組みだけでは解決できない問題が多い。その代表的な例として植物検疫体制の整備が挙げられる。植物検疫とは，植物に有害な病害虫の侵入やまん延を予防する制度のことである[4]。ペルーでは2000年代に入って，国の動植物検疫機関である国立農業衛生機構（Servicio Nacional de Sanidad Agraria: SENASA）が中心になって植物検疫体制の整備を進めたことで，市場国がペルー産青果物を受け入れるようになった。ここではまず，青果物輸出に必要な輸入解禁の手続きについて説明し，ペルーがどのような成果を上げてきたのかを確認する。つぎにこれを可能にした植物検疫体制の整備についてみたのち，整備が進んだ要因について生産者協会の支援などに注目して検討する。

1．輸入解禁の進展

　青果物を輸出する際，生産国に生息する病気や害虫が野菜や果物に付いたまま輸出されると，輸入国で大発生して大きな被害をもたらす可能性がある。そのため輸入国は，自国にはいない病害虫がもち込まれる可能性がある農産物の輸入を制限する。そこで輸出国の植物検疫機関は，輸入国のカウンターパート[5]に輸入解禁を要請する。そして両者が協議のうえ，青果物を殺菌・消毒する植物検疫措置や，病害虫が付着していないことを確認する輸出検査などの条件（植物検疫プロトコル）を定める。そのうえで，輸出国がこの植物検疫プロトコルを遵守することを条件に，輸入国は該当する農産物の輸入を解禁する。輸入国の植物検疫機関は，輸出国の植物検疫体制が十分に整備されていると認めたのちに，青果物の輸入を許可する。そこで輸出国は，国内の植物検疫体制を整備しながら輸入国のカウンターパートと植物検疫プロトコルについての交渉を進め，市場国における輸入解禁をめざすことになる。

　ペルーの場合，1990年代から青果物輸出の拡大を図るために植物検疫体制の整備を進め，2000年代に入ってその成果が現れた。図3-4に輸入国の植物検疫機関が SENASA に対して与えた輸入許可件数を示した。1つの国で1つの農産物の輸入が認められた場合に1件と数えるが，その件数は2000年代に入って増加し，2000年代半ば以降は大幅に増えている。ただしこのなかには，欧州向け柑橘類のようにもともと輸入が規制されていない農産物や，1994年時点ですでに輸出していた農産物は含まれていない。

　つぎに表3-1に主要青果物について，輸入解禁に際してペルーが輸入国と合意した植物検疫プロトコルの内容を示した。これによれば，1990年代から2000年代の前半にかけては，米国のほかラテンアメリカ諸国との合意が中心になっている。さらに2000年代後半以降は，中国などのアジア諸国との合意も増えている。ペルーは2006年4月に対米自由貿易協定を調印して以降，2008年5月にシンガポール，2009年4月に中国，2011年3月に韓国，2011年

図3-4　ペルー産青果物の輸入許可件数

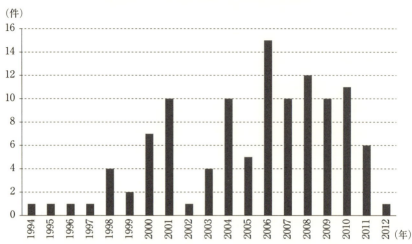

（出所）"SISTEMA DE CUARENTENA VEGETAL"（SENASA内部資料，2013年4月入手）に基づき筆者作成。

　5月には日本と自由貿易協定を調印するなど，アジア諸国との自由貿易交渉を積極的に進めてきた。これにともなう農産物の関税引き下げのメリットを享受できるように，SENASAが輸入解禁手続きを進めた成果が現れた。
　輸入解禁手続きのなかでも輸出市場拡大のカギとなったのが，米国と植物検疫プロトコルで合意できたことである。SENASAは米国の植物検疫機関である農務省動植物検疫局（APHIS）が定めている輸入解禁要請手続きに従い，これをクリアすることで植物検疫プロトコル制定のノウハウを身につけた。マンゴ，ブドウ，柑橘類は，それぞれ最初に米国と熱処理や低温処理のプロトコルで合意し，これをベースとしてそれ以外の国々に対して輸入解禁手続きを進めた。これは，APHISが定める植物検疫措置を，多くの国の植物検疫機関が参考にしているためである[6]。APHISは植物検疫措置をまとめたマニュアル[7]を定め，それぞれの農産物を輸入する際にどのような処理を行えば病気や害虫を無効化できるかを示している。輸入解禁を申請する国がこのマニュアルどおりに検疫措置を実施できるかが解禁の是非につながる。

表3-1 主要青果物の植物検疫プロトコル

年	市場国	条件[1]	年	市場国	条件[1]
マンゴ			アボカド		
1994	米国	熱処理	2000	チリ	くん蒸／低温処理
1996	チリ	熱処理	2000	パナマ	くん蒸処理
1997	ニュージーランド	熱処理	2001	アルゼンチン	植物検疫証明書
1998	アルゼンチン	熱処理	2006	ブラジル	植物検疫証明書
2004	メキシコ	熱処理	2007	グアテマラ	植物検疫証明書
2006	中国	熱処理	2009	シンガポール	植物検疫証明書
2009	シンガポール	植物検疫証明書	2010	米国	低温処理
2010	日本	熱処理	2010	ウルグアイ	植物検疫証明書
			2011	米国	植物検疫証明書
ブドウ			柑橘類		
1995	米国	低温処理	2001	ベネズエラ	植物検疫証明書
2001	カナダ	低温処理	2003	コスタリカ	植物検疫証明書
2001	ベネズエラ	低温処理	2004	エルサルバドル	植物検疫証明書
2003	コスタリカ	低温処理	2006	米国	低温処理
2005	台湾	低温処理	2007	グアテマラ	植物検疫証明書
2005	中国	低温処理	2008	中国	低温処理
2006	ブラジル	植物検疫証明書	2009	シンガポール	植物検疫証明書
2007	グアテマラ	植物検疫証明書			
2007	インド	低温処理	アスパラガス		
2009	ボリビア	植物検疫証明書	2005	南アフリカ	植物検疫証明書
2011	韓国	低温処理	2011	ウルグアイ	植物検疫証明書
2012	ニュージーランド	低温処理	2013	中国	植物検疫証明書

（出所）"SISTEMA DE CUARENTENA VEGETAL"（SENASA 内部資料，2013年4月入手）に基づき筆者作成。2013年までのプロトコルのみ。
（注）1）植物検疫証明書の場合は熱処理，低温処理，くん蒸処理などを必要としない。

SENASA によれば，米国以外の国はマニュアルを一般に公表しておらず，基本的には APHIS のマニュアルに準じた措置を求める。そのため APHIS と検疫プロトコルで合意できれば，ほかの国々に対しても合意できる可能性が高い。

これまでに合意した検疫プロトコルのなかでも，SENASAにとって大きな成果といえるのが米国向けアボカドの事例である。ペルー産アボカドを米国へ輸出するために，SENASAはAPHISに対して2000年頃に輸入解禁手続きを始めた。しかしペルー国内に生息するミバエが問題となり，植物検疫プロトコルで合意できなかった。そこでSENASAは，ペルーのハス種のアボカドにはミバエは寄生しないことを証明する研究を実施しAPHISに提出した。APHISがこの研究の有効性を認めたことで，ペルー産アボカドは2011年7月から，低温処理をせずに植物検疫証明書のみで米国へ輸出できるようになった。この結果，ペルーの米国向けアボカドの輸出は2009年の84トンから，2012年には1万6000トンへと大きく増加した。

　APHISによれば，多くの途上国の植物検疫機関が発行する植物検疫証明書の信頼性は低いため，輸入にあたってはAPHISが定める熱処理や低温処理の実施を求めている[8]。そのなかでAPHISが植物検疫証明書のみでペルー産アボカドの輸入を認めたことは，ペルーにおける植物検疫体制の信頼性が高まっていることを示している。

2．植物検疫体制の整備

　市場国の植物検疫をクリアするには，植物検疫プロトコルの合意など輸入解禁手続きだけでなく，定められた検疫措置をプロトコルどおりに実施する体制が必要になる。この両者が揃ってはじめて，生鮮農産物の輸出が可能になる。植物検疫を担当するSENASAは，組織の拡充などによって植物検疫体制の整備を進め，農産物の市場国の植物検疫機関からも信頼を得られるようになった。同時に生鮮農産物の輸出を手がける輸出業者も，植物検疫に必要な施設などへの投資を進め，植物検疫プロトコルの遵守に努めている。

　ペルーでは，農業省の部局が担当していた植物検疫などの業務を，1992年に農業省傘下の国立機関として設置されたSENASAが引き継いだ。当初は100人程度の人員であったが，米州開発銀行（BID）からの支援を得て植物検

疫機関としての機能の強化と病害虫の駆除事業を進めた。機能の強化では，事務室や実験室の建物など組織のインフラ整備を進めたほか，主要な農業地帯における病害虫の監視システムの構築，港湾や主要幹線道路のチェックポイントにおける検疫の強化，農産物輸出を促進するための植物検疫制度の整備に取り組んだ。病害虫の駆除事業では，2007年までに南部海岸地域の2州においてミバエの駆除に成功し，フリーゾーンとしてそれ以外からの果物の移動を制限している。これらの取り組みにともないSENASAの職員も増加し，2013年には5000人にまで増えている。このうち3700人が植物検疫を担当しており，ペルー各地において病害虫のモニタリングや駆除作業のほか，生鮮農産物輸出に必要な植物検疫作業に従事している[9]。発行した植物検疫証明書の数は，2004年の2万2297件から2011年には7万3505件と7年間で3倍以上に増えた（SENASA s/f, 86）。

　SENASAが組織の拡充によって植物検疫体制の整備を進める一方で，青果物輸出を手がける輸出業者は，検疫プロトコルを満たすことができるように圃場や加工場への投資を進めた。たとえばマンゴの場合，圃場，加工場，出荷場の各段階で検査が行われているほか，加工場では市場国の要求に合わせた検疫措置を実施できるよう，欧州，米国，日本など市場ごとに別々の処理ラインが準備されている（写真3-2, 3-3）。

　このようなペルーの植物検疫機関と輸出業者の努力によって，ペルーでは輸入解禁手続きと植物検疫の実施体制の整備が進み，市場国の植物検疫機関からも信用を獲得している。たとえば米国向けマンゴの熱処理については，当初はSENASAの検査官のほかに，APHISが自らの検査官をそれぞれの加工場に派遣し作業を監視していた。その後，SENASAの検査官による処理が適正に行われていることを受けて，APHISは2007年に加工場への検査官の派遣を取り止め，地域ごとにおいた監督者が工場を回りながら熱処理の実施状況を監視する方式に変更した[10]。

写真3-2 米国市場向けマンゴの熱処理施設

(2011年2月,ピウラ州にて,筆者撮影)

3．生産者協会の支援

　青果物輸出の拡大に向けて，ペルー政府やアグリビジネスは生産者の組織化を進め，主要な作物ごとに生産者協会が設立された。この生産者協会が資金面や技術面でSENASAなどを支援したことで，輸入解禁手続きや植物検疫体制の整備が促進された。どのようにして生産者の組織化が進んだのか，そして生産者協会はどのように植物検疫体制の整備に貢献したのかをみていこう。

(1)　生産者の組織化
　ペルーでは，主要な輸出農産物について作物ごとに生産者や輸出業者が組

写真3-3　米国市場向けマンゴのパッキング・ライン

（2011年2月，ピウラ州にて，筆者撮影）

織化されている。生産者協会という名称が多いが，ここでいう生産者は中規模以上の農場を所有する生産者のほか，自社で生産・パッキング・輸出を統合するアグリビジネスを含んでいる。現在，アスパラガス，柑橘類，アボカド，ブドウ，マンゴ，ザクロ，ブルーベリーの生産者協会と，それらをとりまとめる連合会がある。会員が輸出する生鮮農産物は現在ペルー全体の輸出量の6割以上を占めており，輸出農産物の業界団体として影響力が拡大している（表3-2）。

　これらの生産者協会は，貿易観光省傘下の貿易促進機関である輸出振興委員会（Comisión para la Promoción de Exportaciones: Prompex）[11]が輸出向け農産物の生産者の組織化を支援したことがきっかけとなって1990年代末以降に生まれた（O'Brien y Díaz 2004）。生産者らが組織化して生産者協会を設立した場合，

表3-2 輸出向け農産物の生産者団体

団体名	スペイン語名	作物	設立	会員数(2015年)	備考
アスパラガス・野菜生産者協会	Instituto Peruano de Espárragos e Hortalizas (IPEH)	アスパラガス,アーティチョーク,ベルペッパー	1998年	39社	加工品輸出も含む。会員企業がアスパラガスは生産量の75%,アーティチョークは90%を占める
柑橘類生産者協会	Asociación de Productores de Cítricos del Perú (PROCITRUS)	柑橘類	1998年	140社	会員企業が柑橘類輸出の85%を占める。販売子会社CPFはペルー最大の柑橘類輸出業者
ハス種アボカド生産者協会	Asociación de Productores de Palta Hass del Perú (PROHASS)	ハス種アボカド	1999年	77社	会員企業がアボカド輸出の9割以上を占める。販売子会社CPFを通しても輸出
生食用ブドウ生産者協会	Asociación de Productores de Uva de Mesa del Perú (PROVID)	生食用ブドウ	2001年	26社	会員企業が生食用ブドウ輸出の8割を占める
マンゴ生産者・輸出業者協会	Asociación Peruana de Productores y Exportadores de Mango (APEM)	マンゴ	2000年	19社	会員企業がマンゴ輸出の6割を占める
輸出農業生産者協会連合会	Asociación de Gremios Productores Agrarios del Perú (AGAP)	輸出農産物全般	2003年	7協会	生産者協会が加盟する業界団体
ザクロ生産者協会	Asociación de Productores de Granada del Perú (PROGRANADA)	ザクロ	2013年	14社	会員企業がザクロ生産面積の8割程度を占める
ブルーベリー生産者協会	Asociación de Productores de Arándanos del Perú (PROARANDANOS)	ブルーベリー	2014年	6社	14社まで会員企業を増やす予定

（出所）各団体や青果産業関連ウェブサイト（www.portalfruticola.com），AGAP事務局長へのインタビューに基づき筆者作成。

活動が本格化して自己資金が確保できるまでの1年間は，輸出振興委員会が事務局長の給与や事務所の維持費を負担した。1998年のアスパラガス・野菜生産者協会（IPEH）の設立を皮切りに，柑橘類生産者協会（PROCITRUS），ハス種アボカド生産者協会（PROHASS），生食用ブドウ生産者協会（PROVID），マンゴ生産者・輸出業者協会（APEM）が設立された。そして2003年には，これらの団体が構成員となる輸出農業生産者協会連合会（AGAP）が組織された。

生産者協会のおもな役割として，会員である生産者へのサービス，市場の開拓，情報の収集，生産者代表としての活動などがある。生産者へのサービスとしては，技術セミナーの開催による技術指導のほか，肥料や農薬など農業資材のコスト削減のための共同購入がある。柑橘類生産者協会のように，会員の生産した農産物の販売を請け負う販売会社を設立した協会もある。市場の開拓としては，主要な市場国においてペルー産青果物の消費拡大の働きかけを行っている。たとえば，ベルリンや香港で毎年開催される果物の見本市（Fruit Logistica）に参加してペルー産の果物を宣伝している。また最大の市場である米国では，作物別に組織化されている生産者や輸入業者の団体[12]と協力して，消費拡大に向けた宣伝やスーパーの店頭における試食会を実施している。情報の収集では，主要市場国の消費動向やライバルとなる供給国の生産動向について情報を提供しているほか，ペルー産農産物が特定の市場国に集中して価格が下落しないように，ペルーの空港や港湾の税関で作物の輸出に関するデータを独自に収集していち早く会員に知らせている。

(2)　民間部門の資源動員

　輸出市場の拡大のために生産者協会が積極的に取り組んだのが，植物検疫制度の整備に対する支援である。輸出解禁手続きや植物検疫プロトコル策定の当事者はSENASAである。しかしすべての輸出作物について，植物検疫措置の有効性を確認する研究を独自に行う資源をSENASAはもっていない。そこで各作物の生産者協会は，研究や手続きを迅速に進めてもらうために，必要な資金，資材，人材などをSENASAに提供している。

　たとえば，前述したペルー産ハス種のアボカドにはミバエが寄生しないことを示す研究には約200万ドルかかったが，このうちSENASAが30万ドル，米国が開発援助として80万ドル，PROHASSが70万ドルを負担した。これらの費用のほか，研究で用いられた圃場，資材，果実についても，PROHASSとその会員が提供している。日本の農林水産省に対して輸入解禁を要請しているブドウについては，ミバエに対する検疫措置である低温処理の有効性に

ついて研究を行っている。これに対してPROVIDは，実験に必要な冷蔵倉庫をSENASAに提供しているほか，5種類のブドウを異なる成熟度で実験用に提供するなど，資材面で全面的に協力をしている。青果物輸出に関する貿易交渉や植物検疫に関する会議やセミナーなどでSENASAの職員が出張する必要がある場合，SENASAは生産者協会に派遣費用の負担を要請することがある。これに対しても生産者協会や連合会が協力している[13]。

植物検疫体制は一種の公共財である。民間部門はその重要性を認めているものの，公共財への投資は自らの利益には直接には結び付きにくいことから，積極的には支援してこなかった。しかし特定の作物に特化した生産者協会をつくり，その協会が人材や資金を提供してその作物の植物検疫体制の整備を支援し，輸入解禁を獲得できれば，会員は利益を享受できる。SENASAと生産者協会は作物ごとにこの取り組みを重ねることで，青果物輸出にかかわる植物検疫体制の整備において大きな成果を収めることができた。

おわりに

1990年代に生鮮アスパラガスで本格的に始まったペルーの青果物輸出は，2000年代に入ってブドウ，アボカド，マンゴなどへと作物の多様化が進んだ。この結果，ラテンアメリカ諸国のなかでペルーは，チリやメキシコに続いて主要な青果物輸出国の1つとなっている。そこで本章ではペルーを事例として，アグリビジネスをはじめとする個別の経営体と，国全体としての取り組みに分けて，青果物輸出が作物や市場においてどのように多様化したのかを検討した。

まず個別の経営体においては，生鮮アスパラガスの輸出で成長したアグリビジネスが，既存の投資を有効に活用して安定した成長を実現するために，作物の多様化に積極的に取り組んでいることがわかった。農繁期と農閑期が分かれる作物の場合，時期によって労働力の需要に大きな差がある。単一作

物のみを生産する場合，労働需要は収穫期を中心に年間のうちに数カ月間に限られている。その結果，雇用が短期間にとどまるため，質のよい労働力を確保しにくい。施設や機材の稼働率も低くなるほか，作柄や価格の変動による経営への影響も大きくなる。複数の作物を組み合わせて収穫期を長くできれば，より長期間の安定した雇用を創出でき優れた労働力を確保しやすくなる。施設や機材の稼働率が高くなるほか，作柄や価格などの生産や販売における不確実性によって生じる変動の影響も小さくできる。生産段階だけでなく，流通や販売段階でのメリットも大きい。複数の作物を年間を通じて供給することで，顧客である欧米の青果輸入業者に対する交渉力を高めることができるほか，市場や輸送手段を多様化することで，青果物価格や輸送コストの変動という不確実性を減らすことができる。このように，生鮮アスパラガス輸出で成長したアグリビジネスの多くは，作物の多様化に取り組むことで，さらなる成長をめざしている。

　つぎに国全体としては，植物検疫体制の整備が青果物輸出の多様化に大きく貢献した。青果物を輸出するには，生産国の植物検疫機関が市場国のカウンターパートと個別の農産物ごとに植物検疫プロトコルについて合意し，市場国での輸入解禁を認めてもらう必要がある。ペルーでは国の植物検疫機関である国立農業衛生機構（SENASA）が，外国の援助を受けながら，そして作物ごとに組織化された生産者協会の支援を受けながら，植物検疫体制の整備を進めた。その結果，ペルーにとって最大の輸出青果物市場である米国から輸入解禁を得ることができた。米国への対応によって獲得したノウハウを基に，アジアをはじめとする潜在的な市場国とペルー産青果物の輸入解禁の交渉を進め，より多くの作物についての植物検疫プロトコルで合意した。ここでは，植物検疫体制という公共財の整備に対して，生産者協会をとおして民間部門の資源を動員できたことが，大きな成果につながった。このように作物や市場の多様化を進めることで，ペルーの青果物輸出産業は成長を続けている。

　これまでみたように，輸出向けの青果物においては，大規模なアグリビジ

ネスが中心となって，ペルー国内での生産段階から輸出まで，バリューチェーンの統合を進めている。それでは，中小規模の生産者が多い国内市場向けの青果物はバリューチェーンにどのような変化が起きているのだろうか。次章では，リマ首都圏のスーパーマーケットにおけるジャガイモの流通について検討する。

〔注〕
(1) カンポソル社については，Landeras Rodríguez（2004）や同社ウェブサイト（www.camposol.com.pe）掲載の年次報告書のほか，同社販売部長ホセ・アントニオ・ゴメス（José Antonio Gómez）氏へのインタビュー（2012年10月），ラリベルタ州の農場と加工工場の訪問（2012年11月）で入手した情報による。
(2) タルサ社については，Landeras Rodríguez（2004）のほか，同社社長ウリシス・ケベド（Ulisis Quevedo）氏へのインタビュー（2005年10月，2012年11月），ラリベルタ州の農場と加工工場の訪問（2012年11月）で入手した情報による。
(3) アグロカサ社については，同社ウェブサイト（www.agrokasa.com）のほか，同社社長ホセ・クリンペル（José Chlimper）氏へのインタビュー（2005年9月，2015年8月），イカ州の農場と加工工場への訪問（2005年10月）で入手した情報による。
(4) 植物検疫のほか，植物防疫という用語が用いられる。検疫が病害虫などの検査，防疫がその侵入やまん延を予防する措置を指すが，混乱を避けるため，本章では植物検疫に統一している。
(5) 植物検疫機関には，米国の農務省動植物検疫局（Animal and Plant Health Inspection Service: APHIS），日本の農林水産省消費・安全局植物防疫課などがある。
(6) この段落の情報は，在リマ米国大使館のAPHIS担当官ジョージ・アンドリュー・ボール（George Andrew Ball）氏（2012年8月），SENASAの植物検疫担当者ホルヘ・バレネチェア（Jorge Barrenechea）氏（2013年4月）へのインタビューに基づく。
(7) 植物検疫措置のマニュアル（Treatment manual）は，APHISのサイトで公開されている（http://www.aphis.usda.gov/import_export/plants/manuals/ports/downloads/treatment.pdf）。
(8) 在リマ米国大使館のAPHIS担当官ジョージ・アンドリュー・ボール氏へのインタビュー（2012年8月）。
(9) SENASAの植物検疫担当者ホルヘ・バレネチェア氏へのインタビュー（2013

年 4 月)。
⑽　SENASA の年次報告書と植物検疫担当者ホルヘ・バレネチェア氏へのインタビュー（2013 年 4 月）。
⑾　Prompex は改組され，現在は輸出観光振興委員会（Comisión de Promoción del Perú para la Exportación y el Turismo——通称 PromPeru）の一部となっている。
⑿　たとえば，ハス種アボカド協議会（Hass Avocado Board），全国マンゴ協議会（National Mango Board）などの団体がある。
⒀　ハス種アボカド生産者協会（PROHASS）アルトゥロ・メジナ（Arturo Medina）氏（2012 年 8 月），PROVID 事務局長サンドロ・ファルファン（Sandro Farfán）氏（2013 年 5 月）へのインタビューに基づく。

第4章

国内市場向けジャガイモ流通の変化

——スーパーマーケットの調達——

リマ中央卸売市場のジャガイモ売り場（2012年12月，ペルー・リマ市，筆者撮影）

はじめに

　多くのラテンアメリカ諸国は2000年代以降，国際市場における一次産品価格の高騰にともない，高い経済成長を遂げた。その結果，国民の所得水準が上昇し，それにともなって消費者の嗜好や買い物の習慣が変化している。この変化を反映しているのが，都市部を中心としたスーパーマーケットの普及である[1]。ラテンアメリカ諸国のなかでも，チリ，ブラジル，アルゼンチンなど比較的所得水準の高い国々では，スーパーマーケットの普及率が高く，食料の小売り販売に占める割合が6〜7割に達している（USDA 2010a; 2012a; 2012b）。

　これらの国々と比べると，ペルーにおけるスーパーマーケットの発達はまだ初期の段階にある。2013年の食料の小売り販売に占めるスーパーマーケットの割合は全国で約20％，リマ首都圏に限っても30％にとどまる。しかし，最近のスーパーマーケットの拡大は著しく，リマ首都圏では高所得者層のみならず，順調な経済成長を背景として所得が増えつつある中所得者層から低所得者層が居住する地区においても，店舗がつぎつぎと増えている。さらにリマ首都圏以外でも，比較的所得水準が高い海岸地域の地方都市はもちろん，鉱業や観光業で経済が活性化しつつあるアンデス高地の主要都市にも店舗が広がっている。大手3社の店舗数は，2000年に51店，2007年に98店，2013年に225店と，近年大きく増加している（USDA 2014c）。

　ペルー最大の消費地であるリマ首都圏の農産物流通においては，卸売市場では最大のリマ中央卸売市場が最も重要な役割を担ってきた。スーパーマーケットも当初は，このリマ中央卸売市場から青果物を調達しようとした。しかし量，品質，価格において安定的な調達ができないために，別の方法での調達をめざした。

　そこで本章では，リマ首都圏のスーパーマーケットによるジャガイモの調達を事例に，国内市場向け農産物のバリューチェーンがどのように変化して

いるかをみた。ジャガイモをとりあげたのは，ペルーではコメや小麦製品と並んで主食の１つであり，かつ，スーパーマーケットが主役となって新しい流通チャネルの構築に取り組んでいるからである。以下では，まずリマ首都圏におけるジャガイモの供給についてみたあと，伝統的な流通チャネルを確認する。つぎに，最近の生産と需要の拡大について考察する。最後にスーパーマーケットが構築した流通チャネルとその特徴を明らかにする。

第１節　伝統的な流通チャネル

１．リマ首都圏のジャガイモ供給

　ペルーで生産されるジャガイモは，白，黄，在来種の大きく３つに分類されるが，種類別の生産統計は存在しない（Proexpansión 2011, 9）。2004～2006年リマ中央卸売市場の入荷量の割合は，白（果肉が白いジャガイモで，品種はカンチャン，ユンガイ，ペリチョリなど）が78％，黄（果肉が黄色いジャガイモで，品種はトゥンバイ，ペルアニータなど）が16％，それ以外の在来種（果肉は白または黄色で，紫色などが混じっている。品種はワイロ，ウアマンタンガなど）が６％となっている（Devaux et al. 2010, 309）。

　おもな産地はアンデス高地と太平洋岸に面した海岸地域である（写真4-1）（図4-1）。アンデス高地では白，黄，在来種のいずれも生産されている。プーノ州，ワヌコ州，フニン州が主要な生産州で，過去10年はこの３州での生産量が全国の35～40％を占めた（MINAG SHPA）。このうち，プーノ州の生産は自家消費向けが多いのに対して，ワヌコ州やフニン州ではリマ首都圏に向けた商業生産が主である（CEPES 2010, 9; Bernet 2008, 21）。海岸地域で生産されるのはほとんどが白の改良種で，リマ州，イカ州ではおもにリマ首都圏の市場向けに生産されている。

　ペルー農業省の過去10年間のデータをみると，全国で生産されたジャガイ

写真4-1　ジャガイモの産地市場

(2012年6月，ワヌコ州，筆者撮影)

モの19％がリマ首都圏に集まる。このうち，平均で74％がリマ中央卸売市場に入荷する。2011年のデータによると，71万トンのジャガイモがリマ首都圏に集まり，うち53万8000トンがリマ中央卸売市場に入荷した。この市場では毎日平均で1300～1400トンのジャガイモが売買されている（MINAG SISAP）。

　アンデス高地と海岸地域は収穫期が異なるため，リマ卸売市場には年間をとおして異なる産地からジャガイモが入荷している（Bernet 2008, 23）。一般にアンデス高地は3～6月が主要な収穫期であるが，産地の標高差などによりその前後の時期にも収穫している。それに対して8月～翌年1月頃までが海岸地域の収穫期となっている。

　図4-2にリマ卸売市場の産地別のジャガイモ入荷量を示した。月ごとに入荷する産地が異なっているのがわかる。年の前半はアンデス高地の産地で収穫があり，リマの北東に位置するワヌコ州，パスコ州からの入荷が多く，続

図4-1　ペルー中部の主要ジャガイモ生産州

（出所）筆者作成。

いて3～6月には東に位置するフニン州，7月には南東に位置するアヤクチョ州からの入荷量が多い。続いて収穫は海岸地域の産地に移り，8～9月はリマの南に位置するイカ州，10～12月はリマ州となる。リマを中心に，時計回りに産地が移り変わる（Cabrera 2012）。

　ペルーでは年間をとおして収穫されたばかりのジャガイモの供給があることから，貯蔵は行われていない。代わりに，リマ中央卸売市場の卸売商人が各地の収穫に合わせて調達している。しかし，時期によって収穫のある産地が異なるうえ，アンデス高地の天候は不安定で収穫期がずれることが多い。加えて輸送インフラが脆弱なことから，リマ首都圏で年間をとおして安定した量のジャガイモを確保するのは容易ではない。そのためにこれまでジャガ

図4-2 リマ中央卸売市場白ジャガイモの産地別入荷量（2011年）

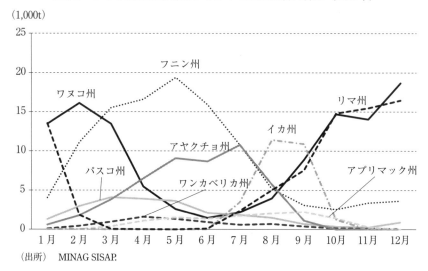

(出所) MINAG SISAP.

イモの流通は，各地の産地にネットワークをもつリマ中央卸売市場の卸売業者が重要な役割を担ってきた。

2．卸売市場の中心の流通チャネル

卸売業者は，産地の生産者から直接，または産地卸売業者を通じてジャガイモを買い付け，卸売市場へ仕入れに来た小売業者へ販売する（図4-3の実線）。生産者が大規模な場合には直接，小規模な場合は産地卸売業者をとおして買い付けるのが一般的である。リマ中央卸売市場[2]の卸売業者は，全国各地の産地の生産者や産地卸売業者とのネットワークを有しており，収穫期に合わせて各産地と電話で連絡をして，取引のたびにジャガイモの種類，数量，価格，輸送方法，支払い方法を決めている[3]（写真4-2）。

大規模生産者の場合，圃場において手作業でジャガイモをだいたいの大きさに選果して袋に詰める。最もよく使われている大袋の場合，1つに100～120キログラム程度のジャガイモが詰められる（Bernet et al. 2008）。産地卸売

第4章　国内市場向けジャガイモ流通の変化　93

図4-3　ジャガイモの流通チャネル

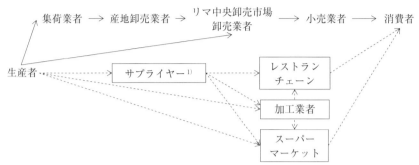

（出所）　Bernet, et al.（2008, 44）に基づき筆者作成。
（注）　実線の矢印が伝統的な流通チャネル。点線の矢印が新しく加わった流通チャネル。四角で囲ったのが新たに加わった流通チャネルの経済主体。
　　1）既存の卸売業者，産地卸売業者，大規模生産者が新しくサプライヤーの機能を果たすことが多い。

写真4-2　旧リマ中央卸売市場（ラパラダ市場）

（2011年12月，リマ市，筆者撮影）

業者の場合，生産者や集荷業者から集めたさまざまな荷姿のジャガイモを，必要に応じて再び選果して大袋に詰め直す。同時に生産者や産地卸売業者はリマ中央卸売市場の卸売業者と電話で交渉し，合意したらジャガイモをトラックに積み込んで出荷する。トラックは卸売業者が手配することもあるし，生産者や産地卸売業者が手配して代金回収のために自らリマまで同乗することもある。

　卸売業者は，リマ中央卸売市場に入荷したジャガイモをトラックから降ろして数量を確認したあと，生産者や産地卸売業者に銀行振り込みで代金を支払う。入荷するジャガイモは，選果が不十分で泥が多量に付着していることも多いが，リマ中央卸売市場の卸売業者は，仕入れに来た小売業者などへ基本的にはそのまま販売する。小売業者は，大袋を切り裂いて中身の状態を確

写真4-3　小売市場のジャガイモ販売

(2012年6月，ワヌコ州，筆者撮影)

認しながら卸売業者から購入する。小売業者は，首都圏に約1300ある小売市場や，雑貨店など個人の店舗で販売し（Garcia Vega 2011），その際には卸売市場で仕入れた大袋のまま店頭に並べるのが一般的である（写真4-3）。小売店を訪れる消費者は，ジャガイモをひとつひとつ手にとって確認しながら購入する。

　以上から明らかになったのは，ジャガイモの伝統的な流通チャネルでは，卸売市場をとおした現金販売が主であること，そして，圃場で袋に詰められてからは選果が行われることはなく，ほとんど付加価値が付かない状態で店頭に並ぶことである。

第2節　生産の拡大と需要の変化

　ジャガイモはコメと並んで，ペルーにおける最も重要な食料作物である。ジャガイモの生産量は1960年代以降1980年代まで，年間150万トンほどで推移していた（図4-4）。1980年代の経済危機の際に大きく減少したが，1990年代半ばには回復して，それ以降は増加している。2011年には年間生産量が400万トンを超し，これは2番目に重要な食料作物であるコメの260万トンを大きく上回っている。2005～2007年のペルーのジャガイモ生産の成長率は年平均3.84％で，これはラテンアメリカ全体の平均の1.55％を大きく上回り，域内で最も高い（Scott 2011）。

　1990年代以降のジャガイモの生産拡大の要因としてまず指摘されているのが，マクロ経済の安定，国民の所得水準の向上，農業信用の回復，農村地域における治安の改善，道路網や通信網の発達，スーパーマーケットの普及などのほか，在来種のジャガイモを使ったペルー料理やポテトチップスなど，加工食品の人気の高まりである（Scott 2011; CEPES 2010; Webb 2013; Horton and Samanamud 2013）。

　ペルーではジャガイモは基礎食料の1つで，1990年代には，経済が回復し

図4-4　ジャガイモの生産と消費

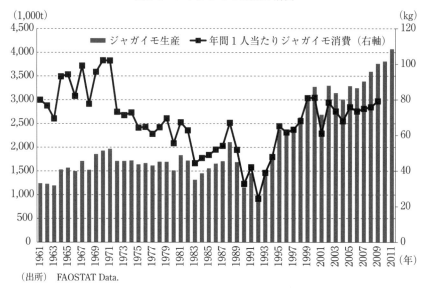

（出所）　FAOSTAT Data.

たのにともない需給も回復したとみられる。そして2000年代に入って順調な経済成長により国民の所得水準が上昇するのに合わせて，さらに消費も増えている。所得水準が向上すると穀物などの基礎食料の消費量が減り，肉，野菜，果物など付加価値の高い食料の消費が増えるのが定説である。にもかかわらずジャガイモの消費が増えているのは，消費形態の多様化が進行し，基礎食料として以外の消費が拡大していると考えられる。

　消費形態の多様化の例として，レストランなど外食におけるジャガイモ消費の拡大が挙げられる。リマのレストラン400店を調査した研究によると，ジャガイモは鶏肉やコメと並んで主要な材料のひとつで，リマにあるレストラン3万5000店における2010年のジャガイモ消費量は6万9000トンと推計されている。これはリマに入荷するジャガイモの13％を占める（Proexpansión 2011, 114）。なかでも多くのジャガイモを利用しているのが，ハンバーガーなどのファストフード店と，ペルーで最も人気のある鶏肉料理ポヨアラブラサ（pollo a la brasa）を提供する鶏肉レストランである。いずれも付け合わせ

としてフライドポテトを提供している。リマ首都圏の鶏肉レストランだけでも，年間6万7000～8万9000トンのジャガイモが消費されていると推定されている（Scott and Zalada 2011, 33）。

消費されるジャガイモの種類でみても，従来からおもに消費されている白ジャガイモのほかに，黄ジャガイモや在来種のジャガイモの消費が拡大している。最近は国内に存在する食材やそれを用いたペルー料理，いわゆるノボアンディーナ（Novoandina――新しいアンデス料理）の再評価が進んでいるが，その代表的な食材がアンデス高地で生産される在来種のジャガイモである。表面だけでなく果肉にも赤や紫色が混じり，丸，細長，そして表面がでこぼこしたものまで，色や形がさまざまである（終章の扉写真参照）。このような在来種のジャガイモを活用した料理を提供するレストランがリマ首都圏で増えている。また主要食品メーカー数社が，在来種のジャガイモでつくったポテトチップスを発売するようになった（Proexpansión 2011; Horton and Samanamud 2013）。

このように消費形態や種類においてジャガイモ消費の多様化が進むことで，所得向上とともに消費量も継続的に増加している。

第3節　スーパーマーケットの流通チャネル

まだ店舗数が少なかった1990年代初めまでは，スーパーマーケットはリマ中央卸売市場でジャガイモを調達していた。しかし2000年代の好調な経済成長を背景に店舗数が大幅に拡大した現在，大手スーパーマーケット3社[4]のいずれもが，リマ中央卸売市場からはほとんど調達していない。その代わりにこれらのスーパーマーケットはそれぞれ独自の流通チャネルを構築し，特定の農産物を専門に取り扱うサプライヤーから仕入れている。前掲した図4-3で，新しく加わった流通チャネルを点線の矢印で示した[5]。このチャネルではサプライヤーが中心となって，スーパーマーケットのチェーンのほか，

直営やフランチャイズで多数の店舗をもつレストランチェーンやジャガイモ専門の加工業者に供給するほか，生産者によっては自ら加工業者やスーパーマーケットに納入する場合もある。これらの業者は従来の小売業者と比べて，大量のジャガイモを，安定した品質，価格，納期で必要とする。そこでこれらの業者が，なぜ卸売市場からの調達をしていないのか，どうやってサプライヤーを確保して独自の流通チャネルを構築したのかについて，リマ首都圏の大手スーパーマーケット3社の事例を検討する。

1．現金市場の問題点

伝統的な流通チャネルである卸売市場は，どうしてスーパーマーケットの需要に応えることが難しいのであろうか。これは伝統的な卸売市場が，多くの売り手と買い手が商品を目の前にしてそのつど売買を行う，開かれた現金市場であるという性質をもっているからである[6]。

多くの途上国においては，小売市場内の販売店や八百屋など伝統的小売業者が低価格を売りに販売しているのに対して，スーパーマーケットは比較的品質の高い商品を伝統的小売業者よりも高い価格で販売するのが一般的である。そのためスーパーマーケットは伝統的小売業者と比べて，高品質な商品を調達する必要がある。しかし途上国の開かれた現金市場では，高品質の商品を安定的に調達するのは容易ではない。

見栄え，味，栄養価，栽培方法などで差別化された高品質な農産物を生産するには，生産者は一般的な農産物を生産するよりも余分なコストをかける必要がある。しかしそのつど売買を行う卸売市場では，買い手がつねに品質に見合った価格を払って買ってくれる保証はない。ほかに買い手がいなければ，生産者は価格を下げて販売せざるを得ず，品質を高めるためにかけた余分なコストを回収できなくなる。このようなリスクを考慮すると，生産者は余分なコストをかけて高品質な農産物をつくるより，一般的な農産物の生産を選ぶようになる（MacDonald et al. 2004, 24-25）。

スーパーマーケットは高い品質の農産物を望むだけでなく，計画的な安定供給，納品書や請求書の発行など文書に基づいた取引，独自の規格による選果など，卸売市場とは異なる商慣行などを求めてくる。スーパーマーケットと取引をするには，売り手側でもこのような商慣行に応えるための投資をしなければならない。しかし生産者が高品質の農産物を生産しないのと同様，卸売業者もスーパーマーケットに販売するための投資には踏み切らないことが多い。そのつど売買を行う卸売市場では，スーパーマーケットが必ず買ってくれるとは限らないからである（MacDonald et al. 2004, 26-28）。

　それ以外にも，伝統的な卸売業者がスーパーマーケットとの取引を好まない理由がいくつかある。スコットらはリマのジャガイモの卸売業者について，つぎのような傾向を確認している（Scott and Zelada 2011）。まず卸売業者は，資本をできるだけ早く回収することを好む。スーパーマーケットが供給業者に対して支払うのは，納入後1週間から1カ月程度後である。多くの卸売業者にとってはこの期間は長く，現金取引をする小売業者への販売を好む。つぎに卸売業者は，購入時と販売時の価格の変動によるリスクを避けたがる。そのためには購入した商品をできるだけ早く，できれば当日中に，すべてを販売するようにしている。そして最後に，卸売市場内にスペースがないため，スーパーマーケットが求めるジャガイモの選果を行うことができない。

　売り手側だけでなく，買い手側であるスーパーマーケットも卸売市場からの調達は不都合であることが多い。たとえばリマ中央卸売市場から調達する場合には，毎回値段と品質を確認する手間がかかる。また卸売業者が提示する価格以外にも，市場手数料のほか，積み卸しのコストも負担しなければならない。さらに卸売市場からスーパーマーケットの流通センターまでの輸送費用も別にかかるし，輸送中の重量の目減りなども発生する。そして卸売市場から購入した農産物をスーパーマーケットの店頭に並べられるような商品にするためには，選果，洗浄，包装などの作業が別途必要となる。

2. 調整をともなう継続取引

　高品質な青果物を安定して供給するためにスーパーマーケットは，独自の流通チャネルを構築した。このチャネルは，伝統的な卸売市場のような誰でも参加できる開かれた現金市場ではない。スーパーマーケットが特定のサプライヤーを指定し，取引の事前事後に調整を行い，かつ継続的な取引を行うチャネルである。閉ざされ，かつ調整をともなう流通チャネル（closed & coordinated channel）と呼べる。具体的には，買い手であるスーパーマーケットが，売り手である納入業者（サプライヤー）に対して，調達したい農産物の量，品質，価格，納入時期と場所，納入の形態などを事前に示す。それについて両者が合意したうえで，売り手が農産物を集め，選果，洗浄，包装などの調整を行って納入する。このようにスーパーマーケットは，合意に基づいて事前事後の調整を行いながら継続的に取引を行うことで，従来の卸売市場では難しかった高品質な農産物の安定的な調達を実現したのである。
　サプライヤーを中心にした流通チャネルによってスーパーマーケットは，卸売市場を中心とした従来の流通チャネルでは難しかったつぎのような取引形態をとることが可能になった。1つめが品質の安定した商品の計画的な調達である。スーパーマーケットは青果物の販売量を週単位で計画している場合が多く，サプライヤーには納品の前の週に必要な商品の仕様と数量を通知する。これに基づいてサプライヤーは農産物を準備する。2つめがフォーマルな取引である。スーパーマーケットは正式に登記された業者とのみ取引を行い，取引にかかわる納品書や請求書などは税務処理にも用いられる正式のものを用いる。3つめが信用取引である。サプライヤーが納品後に請求書を発行してから，スーパーマーケットは1週間から1カ月後に銀行振り込みでサプライヤーに支払う。そして4つめが納品にかかわる細かい仕様である。たとえばスーパーマーケットは，決められたプラスチックのカゴを使用して指定する時間に自社の流通センターに納品することを求めている（写真4-4）。

写真4-4 スーパーマーケットの流通センター

(2012年5月，リマ市，筆者撮影)

さらに輸送に使うトラックは異物が混入しないような措置がとられていて，かつ肥料や農薬を輸送したトラックは納品には利用できない決まりになっている。取引の前後に調整を行い，かつ継続して調達することで，スーパーマーケットは取引相手のサプライヤーにこのような細かい指示を出して遵守させることができるようになった。

3．サプライヤーからの調達

スーパーマーケットが構築した新しい流通チャネルの中心となるのがサプライヤーである。リマ中央卸売市場や産地卸売市場の卸売業者など，既存の経済主体がサプライヤーとなることが多い。しかし取引方法やサプライヤーが果たす機能は，既存の流通チャネルとは大きく異なっている。リマ中央卸

売市場ではそのつどの現金取引が基本であったが，スーパーマーケットとサプライヤーの取引は継続が前提で，事前事後に情報を交換して調整を行う。そしてサプライヤーが果たす機能も，選果・洗浄・包装など従来の卸売業者と比べてより幅広くなっている。ここではジャガイモの事例を検討しながら，新しい流通チャネルにおける取引を検討する。

(1) 担い手

ジャガイモを専門に取り扱うサプライヤーには，卸売業者，産地卸売業者（産地商人），大規模生産者などがいる。卸売業者の場合，リマ中央卸売市場で売り場をもち卸売を行っている業者もおり，並行してスーパーマーケットや加工業者を対象にジャガイモを供給している。産地商人はワヌコ州などジャガイモの主要産地において，供給をとりまとめる役割を担っている。これまではおもにリマの卸売商人に販売してきたが，新たにスーパーマーケットにも直接供給するようになった。産地商人は産地の生産者から買い集めるだけでなく，生産者に対して生産に必要な投入財や収穫に必要な労賃を前払いして，代わりに収穫物を引きとる契約栽培のような方法でもジャガイモを確保する[7]。大規模生産者は，自分の畑のほかにも近隣の農地を借り上げて生産するほか，近隣の小中規模の生産者から収穫物を集める。これまでリマの卸売業者が顧客であったが，スーパーマーケットに直接販売する生産者も現れている。アンデス高地で栽培するだけでなく，収穫期の異なる海岸地域にも農地を確保して，年間をとおして供給できる体制を整えている大規模生産者もいる。これらの経済主体は伝統的な流通チャネルのなかでそれぞれの役割を果たしてきたが，スーパーマーケットをはじめとする需要側の変化に対応するために，サプライヤーとしてこれまでとは異なる機能を果たすようになったと理解できる。

スーパーマーケットはこれらの業者をサプライヤーとしてリストに登録し，そこから継続的に商品を調達する。サプライヤーとして登録されるには，法人として正式に登記しており，取引にかかわる正式な書類を準備でき，週に

最低10トン程度の量を安定的に供給できることなどが最低条件である。そのうえでスーパーマーケットによるサプライヤー向けの説明会に参加して，商品の仕様や細かい取引方法について学ぶ必要がある。そして，何度か取引の実績を積んだうえでサプライヤーとして正式に登録される。これによりスーパーマーケットは調達先をそのつど探す必要がなくなり，実績のあるサプライヤーから安定した調達が可能になる。サプライヤー側からみても安定した販売先が確保できることで，産地からの出荷に必要な人手や輸送手段の手配や，運転資金の準備が計画的に行えるようになる。

通常スーパーマーケットはジャガイモのような販売量が多い商品については，1商品につき複数のサプライヤーを確保し，これらを競わせながら調達する。ジャガイモの場合，白と黄は産地が異なることから，それぞれについて複数のサプライヤーから調達することが多い。在来種の場合には，白や黄と異なり収穫期が1年の数カ月間に限られており生産者も異なることから，白や黄とは別のサプライヤーを利用する。

(2) 新たな機能

登録サプライヤーは，スーパーマーケットから注文に関する詳しいデータシートを受け取る。このデータシートには，大きさや重さのほか，納入時の包装形態（バラまたはネット詰め）や，添付するラベルに記載する情報など，スーパーマーケットが求める商品の仕様が記されている。このデータシートに基づいて，スーパーマーケットは納品の2，3日前や前週の金曜日などに発注する。価格については，卸売市場の価格を参考にしながら発注時に両者で合意する。1週間分の発注をする場合には，その期間の価格は固定となる。卸売市場における価格が大きく変動した場合にのみ，両者が相談して価格を再設定する。個別の取引については基本的には口頭で合意するのみで，文書で契約を交わすことはない。

サプライヤーが受けもつのは，ジャガイモの買い付けからスーパーマーケットへの納入である（図4-5）。ヒアリング調査したサプライヤーは，おもに

図4-5　ジャガイモの流通チャネルにおける経済主体の場所と機能

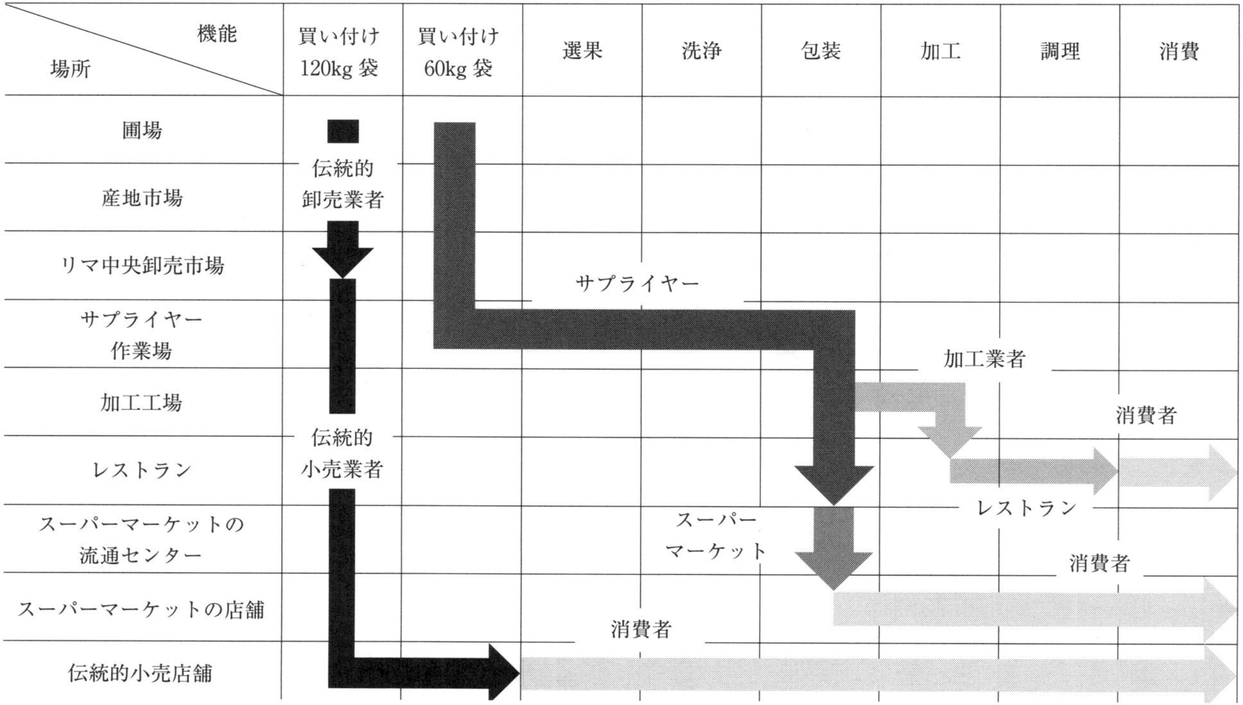

機能 場所	買い付け 120kg袋	買い付け 60kg袋	選果	洗浄	包装	加工	調理	消費
圃場								
産地市場	伝統的卸売業者							
リマ中央卸売市場								
サプライヤー作業場		サプライヤー						
加工工場					加工業者			
レストラン		伝統的小売業者					レストラン	消費者
スーパーマーケットの流通センター				スーパーマーケット				消費者
スーパーマーケットの店舗			消費者					消費者
伝統的小売店舗								

(出所)　筆者作成。

バイヤーを通じてジャガイモを調達している。バイヤーはサプライヤーの代理人として，アンデス高地と海岸地域の産地を回りながら生育状況を確認し，収穫期には圃場においてジャガイモを買い付ける。

トラックを手配して買い付けたジャガイモをサプライヤーに送るのもバイヤーの仕事である。場合によっては収穫前の状態で買い付けて，バイヤー自身が収穫に必要な農機具や労働者を手配して収穫を行う場合もある。バイヤーには，年間をとおして1社のサプライヤーの専属として各産地を回って買い付ける人と，特定の産地においてそこで収穫が行われる期間のみ買い付ける人がいる。バイヤーは毎年同じ生産者からジャガイモを買い付けることも多いが，収穫前の生育状況や収穫後のジャガイモの品質を確認したうえで買い付けるかどうかを判断する。契約生産は行わない。なお，買い付けの際には，100〜120キログラムの大きな袋の代わりに，60キログラム程度が入るメッシュ状の袋の利用を求めることが多い。通常より小さな袋を使うことで，輸送中につぶれたり傷んだりして廃棄する量を減らすことができる。

バイヤーは買い付けたジャガイモをサプライヤーの作業場へ送る。作業場はリマ中央卸売市場の周辺か，取引先のスーパーマーケットの流通センターの近くにあることが多い。作業場にトラックが到着すると，サプライヤーはまずジャガイモのサンプル検査を行う。この検査に合格すると，サプライヤーはジャガイモをトラックから降ろして受け取る。この時点で，サプライヤーは生産者に対してジャガイモの代金を支払う。おもに銀行振り込みを利用するが，トラックに同乗してきた生産者やその代理人に現金で支払うこともある。そのあとサプライヤーは，選果，洗浄，包装を行う。選果では輸送の段階で腐ったり，傷が付いたり，表面が緑色に変わったジャガイモを取り除く。

選果はスーパーマーケットのデータシートに従って行う。調査したサプライヤーは特大，大，中，小の4つに分けていた。特大のジャガイモは加工業者に販売し，残りをスーパーマーケットに販売する。加工業者はフライドポテト用にジャガイモを加工して，レストランやファストフード店に販売し，

写真4-5　スーパーマーケットのジャガイモ売り場

（2015年8月，リマ市，タケダ・イリアナ撮影）

これらが店頭で調理して消費者に提供する。スーパーマーケットへ納入したジャガイモは，サイズが大きいものはおもに高所得者層が多い地域の店舗向け（写真4-5），小さいものは低所得者層が多い地域の店舗向けか，バラ売り（量り売り）をする安売り用になる。

　選果されたジャガイモは，洗浄機を備えたラインにとおして水で洗って付着している泥などを落とす。傷の有無を再び確認したのち，スーパーマーケットが指定した重量ごとにネットに詰める。そしてパッキングした日付とサプライヤーが識別できるラベルを付ける。スーパーマーケットが指定するプラスチックのカゴに入れ，重量を確認して出荷する。パッキングの過程ではねられたジャガイモは，卸売市場に送って安く販売する。

流通センターでは，スーパーマーケットの担当者が入荷したジャガイモを検査し，合格したら納品書を発行してサプライヤーに渡す。サプライヤーはこの納品書を基に請求書を発行する。これを受けてスーパーマーケットは，1週間から1カ月のあいだに銀行振り込みでサプライヤーへ代金を支払う。

おわりに

　途上国における経済成長にともない，食料の需要が増えているだけでなく，その消費形態も多様化している。所得水準が向上した消費者は，単に収穫された農産物ではなく，彼らの嗜好を満たすような食料品を求めている。年間を通じて新鮮で，品質がよく，便利でリーズナブルな価格の食料品を，清潔で心地よい店で，あまり時間をかけずに手に入れることを望んでいる。その結果，伝統的な小売市場に代わって，スーパーマーケットのような近代的な小売店で買い物をする人が増えている。ラテンアメリカでも比較的所得水準の高い国々では，食料品の小売り販売に占めるスーパーマーケットの割合が5割を超えているほか，スーパーマーケットの普及が遅れているペルーでも，2000年代に入って都市部を中心に店舗が急速に増加している。

　食料品に対する需要が急速に変わりつつある一方で，リマ中央卸売市場を中心とする伝統的な青果物の流通チャネルは，この変化への対応に時間がかかっている。ジャガイモの流通チャネルにおける経済主体別の機能を示した図4-5が示すとおり，伝統的な卸売業者や小売業者は，集荷，輸送，分荷の機能のみを果たすにとどまっている。この流通チャネルをとおしてジャガイモを購入する消費者は，産地で収穫された農産物を自らが店頭で品質を確認しながらより分けて購入し，自宅で洗って調理する必要がある。

　一方でスーパーマーケットは，サイズごとに選果したジャガイモをネットに入れて売っている。消費者自らが1つずつ品質を確認しながら選ぶ必要はない。店頭にはつねに複数の種類のジャガイモの品揃えがあり，消費者はい

つでもほしい種類のジャガイモを手に入れることができる。伝統的な小売市場でもスーパーマーケットでも，売っているジャガイモ自体に大きなちがいはない。しかし前者で販売されているのは，ほぼ収穫された状態の農産物であるのに対して，後者で販売されているのは，これに消費者の需要，嗜好，利便性などを考慮して商品に仕立てた食料品である。これを可能にするためにスーパーマーケットは，卸売市場を中心とした伝統的な流通チャネルではなく，サプライヤーを中心とした新しい流通チャネルを構築した。そしてサプライヤーと取引の前後に調整をし，継続的な取引によってジャガイモを調達している。両者の調整により，消費者に関する情報がサプライヤーに伝わることで，サプライヤーもジャガイモに価値を付け加えることができるようになった。

そして図4-5の右上部分の空白が示すように，産地では農産物に対してほとんど付加価値が加えられていない。より消費者に近い経済主体と産地の生産者が何らかの形で直接結び付くことができれば，産地においてもジャガイモの付加価値を高めることが可能になる。

ここまででとりあげた輸出向け，または国内市場向け青果物については，バリューチェーンの統合が農業部門の発展を促した，という視点から分析した。しかしバリューチェーンの統合は，必ずしもスムーズに進むわけではない。そこでつぎは，国や企業によって統合の度合いがちがう鶏肉（ブロイラー）をとりあげ，その要因を明らかにするとともに，ペルーにおいては，なかなかバリューチェーンの統合が進まない要因を掘り下げていく。

〔注〕
(1) 途上国におけるスーパーマーケットの増加については，Tollens（1997），Shepherd（2005），Reardon et al.（2003），Reardon and Timmer（2007）などが詳しく分析している。
(2) リマ首都圏に存在する公設卸売市場はリマ市場公社が管理するリマ中央卸売市場のみである。このほかの卸売市場は商人の組合などが管理する民営の卸売市場である。リマ中央卸売市場は，施設の老朽化と拡張が難しいことを

理由に，2012年10月にリマ市中心部に近いビクトリア地区（ラパラダ市場）から，郊外のサンタアニタ地区に移設された。

(3) ペルーのジャガイモ流通に関しては，これまでに数多くの研究が行われている。おもな研究として，Scott（1985），Alarcón（1994），Alarcón y Ordinola（2002），Bernet et al.（2002），Bernet, Delgado y Sevilla（2008），CEPES（2010），Devaux et al.（2010），Meinzen-Dick et al.（2009），Proexpansión（2011），Scott（2011），Scott and Zelada（2011），Horton and Samanamud（2013）などが挙げられる。

(4) センコスッド（Cencosud）社（店舗名はWongとMetro），スーペルメルカドスペルアノス（Supermercados Peruanos）社（店舗名はVivandaとPlaza Vea），トットゥス（Tottus）社（店舗名はTottus）の3社を指す。

(5) 図4-3の新しい流通チャネルについては，主要スーパーマーケットチェーン3社の青果物仕入担当マネジャーと，3社に対してジャガイモを販売しているサプライヤー3社のマネジャーへのヒアリング調査を基にしている。

(6) リマ中央卸売市場は，購入者に資格制限がなく，まとまった量を扱えるのであれば誰でも購入できる。ジャガイモの場合には100〜120キログラムの袋が最低の購入単位である。

(7) このような商人は資金供給者（habilitador）とも呼ばれる。ただし生産者と文書で正式な契約を結ぶわけではなく，おもに実績のある生産者を対象に，口約束による合意に基づいて取引を行う。

第5章

ブロイラーインテグレーションの発展

——ブラジル,メキシコ,ペルーの比較——

青空市の鶏肉販売(2015年8月,ブラジル・サンパウロ市,筆者撮影)

はじめに

　青果物と比べて畜産物は，バリューチェーンの統合が進みやすい。それは，食肉として消費者に提供する前に処理解体する過程が必要になるからである。そして畜産業のなかでも鶏肉（ブロイラー）は，バリューチェーンの統合が進んでいる。その要因として挙げられるのが，ブロイラーは生育期間が短いことに加え，鶏肉生産のための専用品種やそれに適した配合飼料，衛生管理，疾病防御，鶏舎の環境制御など，さまざまな生産技術の導入が進んでおり，飼育において人間がコントロールできる部分が増えていることである。また，ブロイラーの処理解体施設は牛や豚に比べて機械化が進んでいることや，鶏肉は加工食品やフードサービスの原材料として活用されやすいことも，統合を促している。鶏肉のバリューチェーンでは，第1章で説明したインテグレーターが中心となって，飼料やヒナなどの投入財部門から，フードサービス部門まで，さまざまな部門を契約や所有によって統合している。

　このようなバリューチェーンの統合を背景として，鶏肉の需給は大きく増大した。世界の鶏肉生産は1980年の2290万トンから2013年には9612万トンへ4.2倍に増えている。同期間の牛肉（4557万トンから6398万トンへ1.4倍に増加）や豚肉（5268万トンから1億1303万トンへ2.2倍に増加）と比べると，急速に増加していることがわかる。消費においても同様の傾向が確認できる。1人当たりの年間消費量をみると鶏肉は1980年の5.76キログラムから2011年には14.52キログラムへ2.5倍に増えているのに対して，牛肉は10.34キログラムから9.41キログラムとわずかに減少し，豚肉は11.86キログラムから15.56キログラムへと1.3倍増にとどまっている（FAOSTAT Data）。

　本章では，ラテンアメリカにおけるブロイラー産業の発展を，バリューチェーンの統合によって形成されるブロイラーインテグレーションに注目して分析する。対象国としては，鶏肉輸出国として世界一の規模に成長したブラジル，ラテンアメリカ域内ではついで生産規模が大きいメキシコ，そして日

本と同程度の生産規模をもつペルーをとりあげる[1]。なお，ブロイラー産業において統合されたバリューチェーンは，ブロイラーインテグレーションと呼ばれる。そこで本章と第6章では，「バリューチェーンの統合」と同じ意味で，「インテグレーションの形成」という用語を用いる。

この3カ国をとりあげたのは，いずれの国でも鶏肉の需給が近年大きく増加しており，最新の技術を導入して生産性の高い飼育を行っているという共通点がある一方で，処理解体以降のブロイラーインテグレーションの構造に大きなちがいがみられるからである。ブラジルが処理解体，食品製造，流通販売までのバリューチェーンを統合しているのに対して，ペルーは飼育以降の統合が進んでいない。メキシコの場合は企業や地域によって大きなちがいがある。この3カ国を比較することで，インテグレーションについて国を超えた共通点を確認できるほか，とくに需要にかかわる市場条件のちがいが，どのようにインテグレーションの構造に影響を与えるかを明らかにできる。さらにペルーについては，第6章でブロイラー産業の発展を詳細に検討しながら，バリューチェーンの統合が進まなかった要因について掘り下げる。

以下では，まずブロイラーインテグレーションの特徴を述べたあと，インテグレーションが形成される要因を説明する。そして，ラテンアメリカ3カ国のブロイラー産業の成長について簡単にみたあと，各国におけるインテグレーションの特徴を詳しく検討する。

第1節　産業構造と統合の進展

1．バリューチェーンの構造

ブロイラーの生産から消費までのバリューチェーンは図5-1のように整理できる。バリューチェーンを川の流れに例えると，川上，川中，川下に分けられる。

図5-1 ブロイラー産業のバリューチェーン

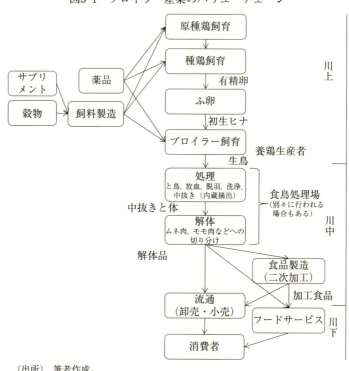

(出所) 筆者作成。

　まず川上に当たるのが，投入財の供給とブロイラーの飼育である。投入財にはヒナ，飼料，薬品などがある。ブロイラーでは短期間に少ない飼料で育つような専用種の開発が進み，現在ではコッブ・バントレス社のCobb（コッブ）とアビアジェン社のRoss（日本ではチャンキー）が世界のヒナ市場を2分している（Industria Avícola, enero 2013）。ラテンアメリカ諸国のブロイラーの原種鶏や種鶏[2]の農場はこれらの品種を導入している。種鶏農場で種鶏が生んだ有精卵を，ふ卵施設でふ化して初生ヒナ（生まれたばかりのヒナ）を生産する。飼料の原料はおもにトウモロコシや大豆粕で，ブラジルは国内産，メキシコやペルーは輸入原料も利用している。これらの原料を，ブロイラーの生育段階に合わせてさまざまな種類に配合して飼料を製造する。ワク

チンをはじめとするブロイラー用の薬品は専門の医薬品メーカーが製造している。ブロイラーの飼育農場はこれらの投入財を利用して，ブロイラーを40日程度飼育してから出荷する。

つぎに川中に当たるのが，成長した鶏をと鳥（と殺），放血，脱羽，洗浄，中抜き処理（内臓摘出），ムネ肉やモモ肉など部分ごとに切り分ける解体，鶏肉をソーセージや冷凍チキンナゲットなどに二次加工する食品製造，そして鶏肉や加工食品を流通する卸売である。

最後に川下に当たるのが，これらの商品を消費者に販売する小売や，調理して提供するフードサービス（中食・外食産業）である。処理と解体をまとめて加工と呼ぶこともあるが，途上国では別々の業者が担当する場合も多いことから，本章では分けて表記している。

2．インテグレーションの形成

ブロイラー産業におけるインテグレーションの特徴を理解するために，日米の事例を参考にインテグレーションの成り立ちを供給と需要の両面から検討する。

まず供給面からみていこう。日本では1960年代にブロイラーの生産が本格化した。それまでは，肉用の鶏の飼育はおもに都市近郊に位置する農家の副業として行われていた。農家は採卵鶏の雄のヒナに自家配合の飼料を与えて飼育し，成長したところで仲買人に販売した。仲買人は生きたままの鶏を消費地の鶏肉商に販売した。鶏肉商はこれを絞め（と鳥），さばいて（解体）消費者に販売した（吉田 1974）。これは第1章で説明した経済主体間の調整方法での「市場取引」に該当する。

米国ではブロイラー専用種の導入が進んだ1930年代以降，バリューチェーンの各段階の結び付きが強くなり「販売契約」が導入された。その要因の1つが養鶏生産者の資金制約である。専用種の導入とそれに合った配合飼料や薬品の利用が広がると，飼育規模の拡大も進んだ。しかし，そのために投入

財を調達する費用が増え，養鶏生産者の資金負担が増大した。そこで飼料販売業者が，投入財供給，ブロイラー飼育，処理解体の各段階を統合するインテグレーターとなった。この契約では，飼料販売業者が飼料とヒナを養鶏生産者に供給し，成長後に鶏を買い取り，鶏の販売代金から投入財の代金と金利を差し引いて生産者に支払うオープンアカウント方式を採用した。これにより養鶏生産者の資金負担が軽減された（Roy 1963, 29）。

その後，1970年代の鶏肉価格の大きな変動などをきっかけに，鶏肉の需要に関する情報をより入手しやすい立場にある食肉加工業者がインテグレーターになった（Lasley 1983）。

これらのインテグレーターは「生産契約」を導入した。販売契約と生産契約のいずれの場合も，養鶏生産者は自らの鶏舎，労働力，水，エネルギーなどを利用してブロイラーを飼育する。そして鶏が一定の重量に達すると，インテグレーターが手配した労働者が集鳥して処理場に運ぶ。しかし両者には大きなちがいがある。販売契約の場合は，生産者がヒナや飼料などを購入して飼育し，成長した鶏を販売する。その差額が生産者の手取りとなる。それに対して生産契約の場合は，両者のあいだではヒナや鶏の売買はない。その代わりインテグレーターは，生産者に対して飼育の委託料を払う。

この生産契約によって，インテグレーターは飼育部門に対するコントロールを強めることができた。生産契約であれば，インテグレーターが養鶏生産者に対して，ブロイラー飼育の時期や飼育管理について細かく指示することができる。これによりインテグレーターは量・質ともに安定して鶏を調達することができ，大規模な資本を投入して建設した食鳥処理場の稼働率を高めることができる（Lasley 1983）。

養鶏生産者の資金負担のほかにも，生産や価格の変動にともなうリスクへの対処もインテグレーションの形成を促した。ブロイラー生産では，気候の変化や疾病の発生などで育成率（死亡率）や飼料転換率[3]が変動するリスク（生産変動リスク）や，投入財や鶏の価格が変動するリスク（価格変動リスク）が発生する。市場取引の場合には，生産者がこれらのリスクをすべて負担し

なければならない。生産規模の拡大にともないこのリスクが大きくなったため，生産者が負担しきれなくなってきた。この問題を解決するためにインテグレーターが販売契約や生産契約を結んでインテグレーションを形成し，これらのリスクの一部を負担した（Martinez 1999）。

販売契約では価格を事前に固定することで，価格変動リスクの一部をインテグレーターが負う。生産契約は投入財やブロイラーの売買をともなわないので，それらの価格変動リスクはインテグレーターが負う。生産変動リスクは基本的には生産者が負うものの，ヒナの問題，異常気象，伝染病の発生など生産者の不可抗力によるものについては，インテグレーターもリスクの一部を負担することが一般的となっている（Knoeber 1989）。

今日米国では生産契約がほとんどで，インテグレーターと養鶏生産者のあいだでどのような契約にすれば双方にとって望ましいか，さまざまな研究が行われている（Knoeber 1989；杉山 2001）。一方日本では，インテグレーター自身が自社農場を所有する垂直的統合も多い。垂直的統合の場合，自社農場設立のために多額の資金が必要になることから，その負担を考えるとインテグレーターにとっては生産契約による原料調達が望ましい。しかし養鶏生産者の高齢化により，生産契約の担い手が少なくなっていること，養鶏生産者自身が多額の資金を調達するのは難しいこと，ブロイラーの均質性を確保するには自社農場の方がコントロールしやすいこと，などの理由により，インテグレーターは生産契約に鶏舎リースを組み合わせた契約や自社農場による垂直統合を進めている（杉山 2001）。

需要面からインテグレーションの形成が進んだ要因を考えると，消費者の嗜好の変化への対応が指摘できる。とくに所得水準の向上にともなう差別化された商品への需要の増大と，それに対応したスーパーマーケットなど新しい流通チャネルの拡大は，インテグレーションの形成を促す。それは，伝統的市場取引と比べて，インテグレーションが差別化された商品の供給に適しているからである（MacDonald et al. 2004）。市場取引の場合，消費者の嗜好の変化は市場価格を通じて生産者に伝えられる。しかし卸売市場など一般的

な現金市場では，部位についての規格はあっても，細かい仕様までは定められていない。そのため，たとえば肉に占める脂肪の割合や飼育に用いられる飼料の種類などの情報は，市場価格には反映されない。特定の飼料を用いた脂肪が少ない肉を消費者が買いたくても，それを生産者に伝える手段がないのである。これに加えて，生産履歴や農場での環境対策など，外見だけではわからない商品の情報は，市場取引では伝えることが難しい。インテグレーションによって飼育・加工・販売が結び付いてこそ，これらの情報を消費者に伝え，逆に消費者からの要望を飼育や加工に反映させることが可能になる。

以上では，ブロイラーのバリューチェーンの構造やインテグレーションの形成について整理した。つぎにラテンアメリカにおけるブロイラー産業の発達と3カ国のインテグレーションの特徴を明らかにする。

第2節　3カ国のインテグレーション

ラテンアメリカ諸国では，1980年代以降に進んだ経済自由化改革のなかで外資系企業の参入や国内企業の成長によって鶏肉の供給が大きく拡大した。ここではブラジル，メキシコ，ペルーの3カ国について，各国のブロイラーインテグレーションの特徴とその形成が各国で異なる要因について分析する。

表5-1に3カ国のブロイラー需給の概要を示した。これによればブラジルの生産規模は域内第2位のメキシコの約4.5倍，ペルーの約11倍である。また，ブラジルが生産量の3割を輸出しているのに対して，メキシコは国内供給量の2割強を輸入している。本節ではまずこれらの国々の共通点を把握し，つぎに国ごとにブロイラー部門の概要とインテグレーションの特徴を述べる。

3カ国とも共通にみられるのは，生産・消費の拡大，新しい生産技術の導入，インテグレーションの成長である。1人当たり年間供給量は約30〜45キログラムで，いずれの国でも牛肉や豚肉を上回る勢いで消費が増加し，最も多く消費される肉類となっている。

表5-1 ラテンアメリカ3カ国のブロイラーの需給（2013年）

	ブラジル	メキシコ	ペルー
生産量（1,000トン）	12,915	2,846	1,203
輸出量（1,000トン）	3,902	10	3
輸出／生産	30%	0%	0%
輸入量（1,000トン）	3	849	31
国内供給量（1,000トン）	9,016	3,685	1,231
生産／国内供給	143%	77%	98%
1人当たり年間供給量（キログラム）[1]	44.1	29.8	40.3

（出所）　FAOSTAT Data.
（注）　1）国内供給量を人口で割って算出した。

　新しい生産技術とは，上で述べた鶏肉専用の品種（ブロイラー）と生育段階に合わせて調整された配合飼料，オールインオールアウトなどの衛生管理[4]，ワクチンをはじめとする疾病防御，鶏舎の温度や湿度の制御などである。この導入による生産性の向上は，出荷までの飼育日数をみるとわかる。ブラジルでは1975年の59日から2004年の36日へ，メキシコでは1980年の57日から2004の42日へ，ペルーでは1970年の57日から1999年の38日へ，大きく短縮している。また，飼料転換率についても，1970〜1980年代の2.50前後から，2000年代半ばには1.80まで向上した[5]。

　生産の拡大はインテグレーターの成長からも確認できる。表5-2は年間1億羽以上を生産する3カ国の主要インテグレーターを示したものである。2013年の日本国内のブロイラー出荷羽数は6億5200万羽なので，ブラジルの上位2社は単独でこの規模を上回っている。さらに，いずれの国でも上位2社で5割弱の市場シェアを占めており，寡占化が進んでいることがわかる。

　しかし，インテグレーションの範囲や拡大過程において，国ごとに大きなちがいがみられる。以下では各国のブロイラーインテグレーターの成長について説明し，そのちがいを確認する。

表5-2 ラテンアメリカの主要インテグレーター（2013年）

国名	インテグレーター名	年間生産量 (100万羽)	国内市場 シェア (%)	種鶏
ブラジル	BRF	1,792	32%	Cobb/Ross
	JBS	975	17%	Ross/Cobb
	Aurora	188	3%	Cobb/Ross
	合　計	5,608	100%	
メキシコ	Industria Bachoco	503	34%	Ross
	Pilgrim's Pride de México	220	15%	Ross
	Tyson de México	186	13%	Cobb
	合　計	1,471	100%	
ペルー	Grupo San Fernando[1]	280	49%	Cobb
	合　計	568	100%	

（出所）　*Industria Avícola*, marzo 2014（http://www.industriaavicola-digital.com/201403/）.
（注）　1）グループ企業を含んだ生産量。

1．ブラジル

　ブラジルのブロイラー生産は1990年代以降急速に拡大した。1990年代はおもに国内需要が，2000年代は輸出需要が牽引した（植木 2007）。需要の増大に対応して生産拡大を可能にしたのが，ブロイラーインテグレーションの進行である。この特徴として指摘できるのが，投入財から輸出までの広い範囲での統合と，食肉加工企業が大手インテグレーターとなり，生産契約により飼育部分を統合している点である。ここでは鶏肉生産の地理的拡大の視点からインテグレーションの形成過程を確認する。

(1) 鶏肉生産の地理的拡大

　ブラジルにおける鶏肉生産は，おもに南東部，南部，中西部の3地域で行われている。ブロイラー生産は第2次世界大戦後に南東部で始まり，1960年代から南部で成長したあと，1990年代以降には中西部へも拡大している（植

木2007)。この地理的拡大は，消費地である主要都市，投入財として重要な穀類の生産地，輸出港の立地から理解できる。

　ブラジルのブロイラー生産は，主要都市であるサンパウロやリオデジャネイロが位置する南東部から始まった。都市周辺の農村地帯にある養鶏生産者が生産したブロイラーが都市にもち込まれ，ここに設立された処理場で鶏肉となり消費者に供給された。南東部では，飼料，ヒナ，ブロイラー飼育，処理解体，二次加工，販売の各過程を，それぞれ独立した経済主体が担っていた（玉井・浅木 2000）。

　1950年代になると，南部における鶏肉生産が増加する。このきっかけとなったのがインテグレーションである。南部の食肉加工企業は鶏肉の加工に参入するために，米国の養鶏技術とインテグレーションのやり方を導入した（浜口1988，玉井・浅木 2000）。自らがインテグレーターとなって小規模農家に働きかけてブロイラー飼育を広め，そこから調達したブロイラーを自社の処理場で鶏肉にした。1960年代にはサンパウロなどの都市部に保冷施設や加工工場を建設し，鶏肉の流通や加工品の製造にも乗り出したほか，飼料工場も建設して自社内で供給できるようにした。1970年代には中東への冷凍鶏肉の輸出を開始した。南東部には主要港がいくつかあり，インテグレーターはこれらの港に自ら保冷倉庫を備えた食肉専用の輸出ターミナルをつくり鶏肉輸出の拠点とした（玉井・浅木 2000）。現在は国内生産量に占める南部の割合が半分を超えており，ブラジルにおける鶏肉生産の中心地となっている（植木 2007）。

　1990年代以降に鶏肉生産が拡大しているのが，中西部に広がるセラードと呼ばれる地域である。熱帯サバンナ気候で灌木（かんぼく）しか生えず，農業には適さないとされてきたこの地域で，1970年代以降に大豆栽培を中心とした農業開発が進み，南部につぐ穀類産地として成長した。南部で成長した大手インテグレーターは，豊富な飼料原料と，土地と人件費の安さを利用できる中西部にも処理場を建設し，インテグレーションによる鶏肉生産を進めている（植木2007）。

(2) 食肉加工企業によるインテグレーション

　ブラジルのブロイラーインテグレーションにおいて，インテグレーターの役割を果たしているのが食肉加工企業である。国内最大手のBRF社（旧Brasil Foods）は，ブロイラーインテグレーターとしては第2位のペルジゴン社（Perdigão）が，経営危機に陥った第1位のサジア社（Sadia）を2009年に吸収合併してできた会社である。ここでは両社の沿革を追うことで，ブラジルにおけるブロイラーインテグレーションの発展を説明する。

　ペルジゴン社は，1930年代に南部のサンタカタリーナ州でイタリア系移民が始めた食料雑貨店が起源である。まもなく，豚のと殺と豚肉の加工品製造にも乗り出したほか，皮革加工，製粉，木材加工へ多角化した。1950年代には豚を飼育するために自社農場を設立し，鶏の処理解体も手がけるようになった。さらに豚や鶏の飼育に必要な飼料工場を設立し，食肉の流通会社も設立した。南部から主要な消費市場であるサンパウロ市まで食肉を輸送するために，航空事業にも参入している。1970年代には鶏肉専用の処理解体場を設け，1975年にはブラジル企業として初めて鶏肉を輸出した。輸出先はサウジアラビアで，中東市場はブラジルにとって主要な鶏肉市場となる。また，1976年には飼料原料である大豆を原料とした搾油・製油事業を開始し，1979年には豚肉，鶏肉，牛肉を原料としたハンバーガーやサラミなどの食品製造にも乗り出した。1980年代には鶏肉事業を拡大し，その1つとして米国のコッブ・バントレス社（Cobb Vantress）と合弁で原種鶏を供給する事業を始めた。また，日本の三菱商事と提携して鶏肉の日本への輸出も開始した。1990年代にはポルトガル企業と合弁でソーセージの製造を始め，これをきっかけとして欧州市場へ鶏肉の輸出を始めた。2000年代に入ると，サジア社と合弁で輸出のための企業を設立し，ロシア，アフリカ，カリブ地域などの新興国市場への販売を拡大した（Pederson 2003, 276-279）。

　一方，1940年代にサンタカタリーナ州コンコルジア市で創業したサジア社は，製粉業から始め，豚肉の処理解体，加工品の製造，保冷倉庫で事業を拡大した（写真5-1）。サンパウロ市場へ販売するために市内に販売拠点を設け

写真5-1　サジア社創業の地にある BRF 社のブロイラー解体処理・加工場

(2015年8月，コンコルジア市，筆者撮影)

たほか，1950年代には航空会社から飛行機をリースして豚肉を空輸している。1953年にはサンパウロに食肉加工場を開いた。1950年代半ばから鶏肉の処理解体も始めた。1960年代初めには，米国から生産契約方式のインテグレーションを導入した。1960年代末には自社ブランドを冠した冷凍肉や食肉加工品の製造販売も手がけた。1970年代に入っても同社の成長と多角化は続いた。これまでの豚肉と鶏肉に加え，牛肉や七面鳥とその加工品も取り扱うようになった。大豆の搾油・製油事業にも進出した。ブラジル各地に販売拠点を設けたほか，国内各地の食肉加工場を買収し，新規に食品加工工場を建設した。食品の研究開発を手がける子会社も設立している。

　さらに，冷凍鶏肉の中東市場への輸出も開始した。イスラム諸国への輸出拡大のために処理解体場でハラル認証を取得し，中東地域での需要の高い小型ブロイラーの輸出に力を入れた。1980年代のブラジル経済は混乱が続いたが，この間サジア社は輸出に注力することで成長を続けた。とくに日本，香港，中国など成長するアジア諸国をターゲットにした。1990年代に入ってブ

ラジル経済が安定して成長へ向かうと、今度は国内市場に力を入れた。なかでも、温めればすぐに食べられる冷凍食品など高付加価値商品の品揃えを拡充した。

さらに2000年代に入ってからは、外国での事業も拡大した。英国では穀物メジャーの1つであるカーギル社（Cargill）と合弁事業を開始し、同国内のマクドナルドに向けて鶏肉製品の供給を始めた。また、2001年にニューヨーク証券取引所にADR（米国預託証券）を上場した。さらに、フランスのホテルグループであるアコーグループ（Accor Group）やブラジルの卸売業者とともにフードサービスにも参入した（Pederson 2004, 359-362）。

ペルジゴンとサジアの両社が一緒になったBRF社の「2014年年次報告書」（BRF 2014）によれば、同社は国内に47工場と27の配送センター、海外に7工場と15の配送センターを設け、世界で約10万人の従業員を抱えている。2014年の売上はブラジル国内が51.1％、外国が48.9％。国内市場の売上を製品ごとに分けると、加工食品が74.4％、鶏肉が13.1％、豚肉・牛肉が5.9％、その他が6.6％である。一方、外国市場は、鶏肉が62.6％、加工食品が23.2％、豚肉・牛肉が13.9％、その他が0.4％となっている。これらの数字から、BRF社は国内市場ではおもに自社の肉を利用した加工食品を販売し、外国市場では食品製造業やフードサービス向けの原料肉を販売していることがわかる（写真5-2）。

BRF社を事例として、ブラジルのブロイラーインテグレーションの特徴を図5-2にまとめた。ペルジゴン社とサジア社の沿革からわかるように、川上の投入財の供給から川下のフードサービスや外国市場への輸出までを広く統合している。国内市場では自社で生産した鶏肉を原料とした加工食品が主要な商品で、一部ではフードサービスまで手がけている。それに対して外国市場へは、おもに食品製造やフードサービスの原料となると体や解体品を供給している。ブロイラーの飼育については、生産契約型インテグレーションの導入により養鶏生産者に委託しているのが特徴である[6]。

ちなみに、現在鶏肉生産でブラジル第2位のJBS社は、これまで牛肉加

写真5-2　サジア・ブランドの冷凍鶏肉

(2015年8月，ピラシカバ市，筆者撮影)

工事業を主としていたが，ここ数年のあいだに鶏肉加工でも急成長している[7]。2007年にはブラジルの食肉加工企業としては初めてサンパウロ証券取引所に上場し，その資金を利用して米国食肉大手のスイフト社（Swift），2008年には米国スミスフィールド社（Smithfield）の牛肉事業を買収した。その後鶏肉加工に進出し，2009年には米国鶏肉加工第2位のピルグリムズ・プライド社（Pilgrim's Pride）に出資，2013年にはブラジル鶏肉生産第2位のセアラ社（Seara），2014年には米国鶏肉最大手のタイソン社のメキシコとブラジルの事業を買収し，ブラジルではBRF社につぐ第2位の鶏肉加工企業となった。さらに2015年には，英国の鶏肉生産最大手のモイパーク社（Moy Park）を買収している。

BRF社，JBS社，鶏肉第3位で協同組合のアウロラ社（Aurora）をはじめ，ブラジルの鶏肉大手のインテグレーターは，BRF社と同様に基本的には投

126

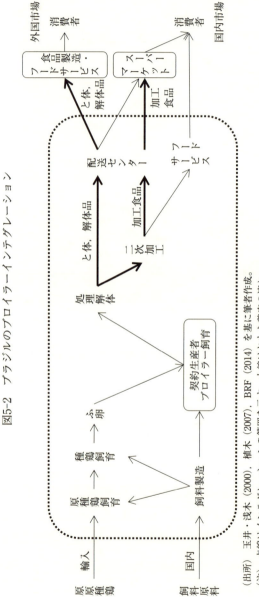

図5-2 ブラジルのブロイラーインテグレーション

(出所) 玉井・浅木 (2000), 植木 (2007), BRF (2014) を基に筆者作成。
(注) 点線はインテグレーションの範囲を示す。太線はおもな鶏肉の流れ。

入財から加工食品の製造・販売までを幅広く統合している。ただし，中小規模のブロイラーインテグレーターの場合には，加工食品の製造は一部にとどまっており，州内を中心とした地元市場への冷蔵鶏肉の供給がおもなビジネスとなっている[8]。

2．メキシコ

メキシコでは1980年代半ばまで，国内のインテグレーターが投入財供給と飼育部門の川上を中心にインテグレーションを形成していた。1980年代後半に外資系企業の参入やスーパーマーケットによる販売が拡大すると，処理解体や二次加工など川中でも統合が進んだ。しかし今日でも，公設の小売市場や鶏肉商など伝統的な小売販売のチャネルが残っており，ターゲットにする市場によってインテグレーションの形態が異なっている。

(1) 新旧流通チャネルの並存

ラテンアメリカ諸国では都市部を中心に，スーパーマーケットやディスカウントストアなど近代的な小売業が拡大している。しかしメキシコのように，都市部においても伝統的な流通経路や消費形態が色濃く残っている場合がある。現在でも個人の鶏肉店や「メルカド」と呼ばれる小売市場に売り場をもつ鶏肉商が数多く存在し，と体を仕入れて客の注文に応じて解体品に切り分けて販売する。このような伝統的な鶏肉販売店で購入する消費者の割合は，主要都市においても2000年代半ばの時点で半分を超えている。とくに低所得者層は小売市場で購入する割合が高い（星野 2010）。

インテグレーターから出荷されるブロイラーの形態についても，同様のことがいえる。インテグレーターは，鶏肉店や小売市場へは生鳥やと体，スーパーマーケットへは解体品や二次加工品（加工食品）を出荷している。鶏肉産業の業界団体（Unión Nacional de Avicultores）の調査によると，最近は生鳥やと体による出荷が減っているものの，2013年の時点でも鶏肉全体の出荷量

に占める割合は，生鳥が33％，と体が57％と合わせて9割を占めている。残りの解体品は6％，二次加工品は4％にとどまっている（Industria Bachoco 2014）。このような伝統的な流通経路や消費形態が残る市場で，主要なインテグレーターがどのようにインテグレーションの形成を進めたかをつぎにみよう。

(2) 主要インテグレーター間の競争

地場企業のバチョコ社（Industria Bachoco）と，外資系のピルグリムズ・プライド社（Pilgrim's Pride de México），タイソン社（Tyson de México）がメキシコの3大ブロイラーインテグレーターで，この3社の市場シェアは6割を超えている（*Industria Avícola*, marzo 2014）。近年のブロイラー産業は，この3社の競争により成長してきた。

バチョコ社はメキシコ最大のインテグレーターで，年間生産量は国内全体の3分の1に当たる5億羽に達する。同社は1950年代に採卵鶏の飼育から事業を始め，採卵鶏の種鶏農場，ふ卵，飼料配合と川上部門へ進出した。ついで卵の価格統制をきっかけに，1970年にブロイラーの飼育へ参入した。ブロイラーでもインテグレーションの形成を進め，1980年代末までに飼料配合，家畜用医薬品の製造，原種鶏農場，種鶏農場，ふ卵場，自社の飼育農場，処理場までを統合した（Industria Bachoco 2014）（図5-3）。

星野（2010）は，同社の特徴としてつぎの3点を指摘している。第1に，自社農場からブロイラーを調達する割合が2008年には9割を占めている。同社は飼育部門から拡大したために，数多くの自社農場を所有していると考えられる。第2に，加工度の低い商品の出荷割合が高い。処理解体をしない生きたままの鶏（生鳥）の出荷は約4分の1を占めている[9]。第3に，広く全国に生産・加工と販売の拠点を設けている。これは，長距離輸送ができない生鳥やと体を鶏肉店や小売市場に届けるには，消費地の近くに生産・販売拠点を立地する必要があるからである。

第2位の米ピルグリムズ・プライド社がメキシコへ進出したのは1988年で

第5章　ブロイラーインテグレーションの発展　129

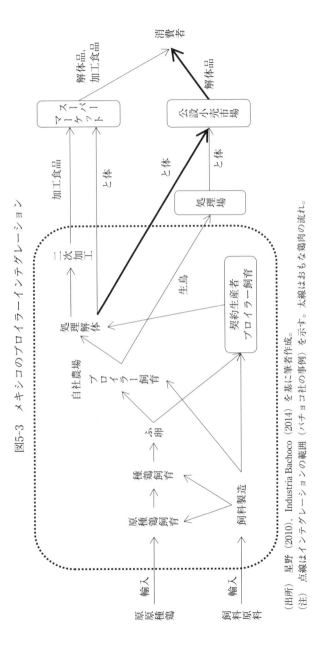

図5-3　メキシコのブロイラーインテグレーション

(出所) 星野 (2010)、Industria Bachoco (2014) を基に筆者作成。
(注) 点線はインテグレーションの範囲 (バチョコ社の事例) を示す。太線はおもな鶏肉の流れ。

ある。飼料大手の米プリナ社のメキシコ子会社が所有していた飼料工場，種鶏農場，ふ卵場，飼育農場，処理場を買収した。さらに，1995年には首都に近いケレタロ州の養鶏生産者組合が所有する飼料工場や処理場を買収し，生産契約により組合員からブロイラーの供給を受けることで生産量を拡大した。同社は生産契約によりブロイラーを調達する割合が全体の60％を占めている。また商品構成については，20％を生鳥で出荷しているほか，25％をと体，残りを中抜きと体，解体品，二次加工品で出荷している（星野 2010）。

　米タイソン社は1994年にメキシコの地場インテグレーターを買収した。当初はアジア市場向けの鶏肉加工品を手がけていたが，2000年の鳥類の感染症であるニューカッスル病の発生を機に国内市場向けへと転じた。その後，新規に鶏肉加工品の工場を建設したほか，近辺にある国内のインテグレーターから飼料工場，種鶏農場，ふ卵場，処理場を買収した。進出当初は85％を自社農場から調達していたが，政府の小規模養鶏生産者育成事業などを利用して生産契約による調達を75％まで増やした。もともと輸出市場をターゲットにしていたことから生鳥による出荷はなく，加工度が高い製品をおもに消費者の所得水準が高くスーパーマーケットなどが多い北東部に出荷している（星野 2010）。

　これら大手3社の市場でのプレゼンスは国内の地域によってちがいがある。伝統的な流通チャネルが大きいメキシコ南部を中心とする市場ではバチョコ社が優位で，この地域のインテグレーションは川上にとどまっている。一方，スーパーマーケットによる流通が中心のメキシコ北部では，外資系を含んだ3社による競争が進み，二次加工品の製造など川中までインテグレーションが進んでいる。

3．ペルー

　ペルーはメキシコより伝統的な流通経路や消費形態が残っており，現在でも卸売段階まで生鳥で流通する割合が高い。これがブロイラーインテグレー

ションの形成に大きな影響を与えている。投入財の供給とブロイラー飼育では統合が進み，生産規模の拡大や上位インテグレーターへの集中が進んでいるものの，処理解体や二次加工の割合は少なく，川中以降のインテグレーションは進んでいない。

(1) 伝統的な流通・消費形態の残存

　国内最大の消費地であるリマ首都圏には14カ所の生鳥集積センター（Centro de Acopio de Aves Vivas）があり，このセンターが首都圏におけるブロイラー流通の中心になる。リマ近郊の産地からトラックで輸送されてきた生きたままのブロイラーは，ここでインテグレーターから卸売業者の手にわたる。このセンターでは集荷・分荷のほか，まだ買い手のついていないブロイラーの売買も行われる。卸売業者はセンターに隣接する処理場や自ら所有する処理場でと体にしてから，小売市場に売り場をもつ鶏肉商に販売する。小売市場内の鶏肉売り場には鶏の中抜きと体がぶら下がっており，鶏肉商は客の要望に応じて丸ごと，半分，4分の1などの単位に切り分けて販売する。冷蔵施設をもっていない鶏肉商も多く，その場合には仕入れた分を当日中に売り切る。街中に独立した店舗を構える鶏肉店の場合には，インテグレーターや卸売商から生鳥を仕入れることも多い。生きた鶏を確認したうえで購入し，処理解体を依頼する顧客も多い。

　生鳥集積センターを経由しない流れとしては，インテグレーターが自社の処理場で中抜きと体にして，スーパーマーケットやフードサービスに販売したり，自社の二次加工場でチキンナゲットなどの加工食品を製造し，それをスーパーマーケットなどに販売するルートがある。スーパーマーケットは中抜きと体をインテグレーターから購入し，各店舗の作業場でムネ肉やモモ肉などに切り分けて販売している。農業省のデータを基に推計すると，2013年時点では国内で供給される鶏肉のうち，78％が生鳥のまま卸売段階まで出荷され，インテグレーターの処理場で処理されるのは22％にとどまっている（MINAG 2013）。

(2) 飼育部門からの統合

ペルーでは、1970年代末までにブロイラー専用種や配合飼料など外国からの技術導入が進んだ。それにともない欧米の種鶏企業や飼料企業などが進出したが、1980年代末の経済危機までにこれらの多くが撤退・縮小し、インテグレーターとして成長することはなかった。

1990年代に成長したのが国内のインテグレーターである。飼育部門の規模を拡大しながら飼料工場や種鶏農場を統合し、川上部門を中心にインテグレーションを築いた。

国内養鶏最大手のサンフェルナンド社（San Fernando）は、グループ企業で第2位のチムーアグロペクアリオ社（Chimú Agropecuario）と合わせて国内市場で約半分のシェアをもっている。それ以外は比較的小規模なインテグレーターが多く、市場シェアも10％未満にとどまっている。サンフェルナンド社は1960年代に首都リマ市の近郊でブロイラー生産を始めた。1970年代初めに小規模の処理場をつくって消費者向けに鶏肉販売を始めたことが、事業拡大のきっかけとなった。1970年代末以降、飼料工場、種鶏農場、原種鶏農場を設立した。1990年代にはソーセージやチキンナゲットを製造する二次加工場を設立、1999年には鶏肉の輸出を始めた。現在では原種鶏農場から直営販売店まで経営し、国内最大のブロイラーインテグレーターとなっている（図5-4）。自社で処理解体場や二次加工場を所有している同社でも、生産量の約8割を生鳥で出荷し、自社で処理解体、二次加工する割合は限られている（清水 2010b）。

インテグレーターと飼育部門の関係についてみると、自社農場、レンタル農場、生産契約のおもに3つの方法が存在する。レンタル農場とは、遊休設備であった鶏舎をインテグレーターが所有者から借りて、必要に応じて設備を整え、投入財や労働者を投入して飼育する方法である。国内産地には1990年代の飼料価格高騰や経済危機により使われなくなった鶏舎が多く存在しており、インテグレーターはこれらを利用して、鶏舎建設に投資することなくブロイラーの生産を拡大した（清水 2010b）。2000年代後半まで、大手インテ

第5章　ブロイラーインテグレーションの発展　133

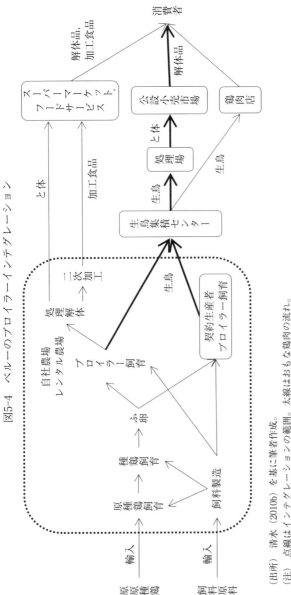

図5-4　ペルーのブロイラーインテグレーション

(出所) 清水 (2010b) を基に筆者作成。
(注) 点線はインテグレーションの範囲。太線はおもな鶏肉の流れ。

グレーターの多くが半分以上を自社農場とレンタル農場から調達していた。しかし2000年代末からの経済成長にともなって鶏肉需要が増えると，遊休設備がなくなってきた。そこで大手のインテグレーターは契約生産者からの調達を増やした。サンフェルナンド社の場合，2015年の時点で約8割の鶏を契約生産者から，残りを自社農場やレンタル農場から調達している(10)。

第3節　統合の範囲と取引形態

1．各国の特徴

以上，3カ国のブロイラーインテグレーションについてみたが，それらの特徴を表5-3にまとめた。このなかで注目したいのは，インテグレーションの範囲とインテグレーターと飼育部門の関係という2つの側面で，共通点と同時に国ごとにちがいが観察できる点である。

インテグレーションの範囲とは，投入財の供給から流通や輸出までのバリューチェーンの各段階を，インテグレーターがどこまで統合しているかという点である。いずれの国においてもバリューチェーンの上流に当たる飼育までの統合が進んでいることが確認できる。これは，鶏種，飼料，衛生管理，ワクチン，環境制御など，外国から導入された技術とかかわっている。これらの技術は，インテグレーターが中心となって契約農家や自社農場に導入し，ヒナや飼料を供給するタイミングなどを密接に管理している。こうすることで生産規模の拡大やコストの削減を進めた。その結果，ブラジル，メキシコ，ペルーのいずれの国でも大手インテグレーターが中心となってブロイラー産業が成長し，それらの生産規模は世界の大手インテグレーターと肩を並べるまでになった(11)。

しかし，処理解体から川下に当たる部分の統合は，国ごとにちがいがみられる。3カ国のなかで最も統合が進んでいるのがブラジルである。投入財，

表5-3　ラテンアメリカのブロイラーインテグレーションの特徴

国名		ブラジル[1]		メキシコ	ペルー
インテグレーションの範囲	投入財	●		●	●
	飼育	●		●	●
●　統合	処理解体	●		●	▲
▲　一部統合	二次加工	●		▲	▲
×　未統合	流通	●		×	×
	輸出	●		×	×
商品の荷姿		国内市場 と体／解体品19% 加工品74% その他6%	輸出 と体／解体品77% 加工品23%	生鳥33% と体57% 解体品6% 加工品4%	生鳥80% と体・解体品・加工品20%
出荷先		全体の約半分が輸出。国内はスーパーマーケットを含む小売店が8割。残りが卸売とフードサービス		公設小売市場とスーパーマーケットが半々	生鳥集積センター（卸売）を経由して公設小売市場へ
インテグレーターと飼育部門の関係		養鶏生産者との生産契約		地場企業：自社農場が主 外資企業：生産契約が主	自社またはレンタル農場と生産契約が半々。最大手は最近生産契約が増える
インテグレーターの出自		食肉加工企業		地場企業：養鶏生産者 外資企業：食肉加工企業	養鶏生産者
養鶏生産者への支援		政府による施設や飼料に対する優遇融資，農業試験機関やインテグレーターによる技術支援		政府による小規模生産者支援	1980年代まで飼料などへの優遇価格。1990年代以降はなし

（出所）　清水（2010b），星野（2010），Bachoco（2014），BRF（2014）より筆者作成。
（注）　1）BRF社2014年の実績。商品姿態には豚肉・牛肉（合わせて全体の16%）も含む。出荷先は売上の割合。

飼育，処理解体はもちろん，二次加工，流通，輸出まで統合している。一方，メキシコやペルーのインテグレーターは，処理解体から川下は統合していない部分が多い。

　つぎに，インテグレーターと飼育部門の関係とは，インテグレーターがブロイラーを育てる飼育部門を自社農場として所有しているか，それとも外部の養鶏生産者へ生産契約によって委託しているかを指す。ブラジルは養鶏生産者との生産契約がほとんどであるが，メキシコの場合には地場か外資かに

よって異なる。ペルーの場合には自社農場やインテグレーターが使われていない鶏舎を借りるレンタル農場が多かったが，一部で生産契約も増えている。

このように，インテグレーションの範囲やインテグレーターと飼育部門の関係が国によって異なる理由を考えるために，インテグレーションのあり方を規定する要因について考察したい。

2．統合の範囲

インテグレーションの範囲を規定する重要な要因として考えられるのが市場構造で，具体的にはインテグレーターが出荷する商品の荷姿とインテグレーターの出荷先である。ブラジルのブロイラー最大手であるBRFは，国内市場では鶏肉よりもこれを原材料とする加工食品をおもに販売している。そのためにバリューチェーンの川上だけでなく，処理解体や二次加工などの川中，流通やフードサービスなどの川下も統合している。インテグレーションの形成要因として述べたように，処理解体や二次加工のための工場の建設には多額の投資が必要で，それを回収するためには工場の稼働率を高く保たなければならない。そのためには原材料を定量，定質，定期，安定した価格（いわゆる4定）で調達することが重要になる。また，販売先である国内市場のスーパーマーケットや外国市場の食品製造企業やフードサービスも，商品や原材料の安定した供給を求める。ブラジルのインテグレーターは自社で細かく需給調整ができるように，バリューチェーンの幅広い範囲でインテグレーションを形成した。

それに対してメキシコやペルーのインテグレーターは，伝統的な小売市場に生鳥やと体を供給する割合が高い。これらの市場は基本的には現金取引市場であり，いわゆる4定は求められず，需給の調整は市場自身が行う。そのため，川上部門と川中・川下部門とで調整を行う必要性が低いため，インテグレーションが形成されない。

3．取引形態

インテグレーターと飼育部門の取引形態については，インテグレーターの出自と政府やインテグレーターによる養鶏生産者への支援が重要になる。

おもに生産契約によって鶏を調達するブラジルのインテグレーターやメキシコの外資系インテグレーターは，もともと食肉加工企業である。これらの企業はまず鶏肉の処理に参入し，この事業に必要な投入財である鶏を調達するために，地元の農業生産者を対象として生産契約を導入した。これらの企業にとって重要なことは低コストで安定して鶏を調達することである。自社農場を建設，運営するには多額の投資が必要となるため，生産契約によって鶏を調達できれば資本を節約でき，処理，二次加工，流通，販売などに投資を向けられる。

それに対してメキシコやペルーの地場インテグレーターは，もともと採卵鶏やブロイラーの飼育，種鶏生産，ふ卵などから事業を始めている。そのため，インテグレーションの形態は自社農場からの調達が基本となっている。メキシコの地場インテグレーターやペルーの場合，ブロイラー飼育の規模が処理場の処理能力を大幅に上回っており，飼育部門が事業の中心となっている。自社農場で生産するブロイラーにより高い付加価値をつけるために処理解体や二次加工も手がけているが，その量は全体からみるとわずかである。

養鶏生産者への支援の有無も，インテグレーターと飼育部門の関係に影響を与える。近年のブロイラー飼育においては，飼育規模の拡大や環境統御型鶏舎[12]の開発により，鶏舎の建設に必要なコストが増大している。養鶏生産者はその資金を調達しなければならない。また，生産契約を結ぶ養鶏生産者は，インテグレーターから指定される飼育管理技術を用いるだけでなく，飼育状況に関する記録や報告を求められるなど一定水準の管理能力も求められる。このような条件を満たす養鶏生産者が存在して，初めて生産契約が可能になる。

ブラジルの場合，ラテンアメリカのなかでは政府による農業部門への支援が比較的手厚い。施設や飼料への投資には政府が優遇金利で融資を提供した。またインテグレーターは，1960年代の初めに米国から生産契約型インテグレーションを導入した際に，養鶏生産者に対して技術研修の機会を与えて生産者を育成しながら規模を拡大した。メキシコの場合も，養鶏施設の近代化を対象とする低利融資制度などによって政府が小規模農家を支援した。メキシコに進出した外資系インテグレーターは，このような養鶏生産者にブロイラー飼育を委託しながら規模を拡大した。

ペルーでも1980年代までは輸入された飼料を優遇価格で養鶏生産者に販売するなどの支援が行われたが，1990年代の経済自由化以降は政府による支援はなくなった。さらに，飼料価格の高騰や経済危機による鶏肉需要の減少などによって養鶏生産者の淘汰が進んだ。この時期に比較的規模の大きな養鶏生産者が，これら生産者の飼育設備を買い取りながらインテグレーターに成長していった。その結果として，インテグレーターによる自社農場や，稼働していない鶏舎を借りるレンタル農場による生産部門の統合が主流となった。

おわりに

近年，ラテンアメリカでは鶏肉の供給と需要が拡大している。供給面ではブラジルが世界最大の鶏肉輸出国となったほか，それ以外の国でも国内供給量が増えている。需要面では，低価格のタンパク源として豚肉や牛肉を上回るペースで消費が伸びている。これらの背景にあるのがブロイラーインテグレーションの急速な拡大である。インテグレーションの拡大により，生産規模が大きくなり，同時に，生産性の向上とコストの削減が進んだ。

3カ国のブロイラーインテグレーションを比較すると，いずれも投入財や飼育というバリューチェーンの川上の部分では統合が進んでいる。しかし，解体処理以降の川下の統合が国によって状況が異なっている。具体的には，

第5章　ブロイラーインテグレーションの発展　139

インテグレーションの範囲やインテグレーターと飼育部門の関係にちがいがみられる。ブラジルでは投入財の供給から食品製造，流通，輸出までインテグレーションが形成されているのに対して，メキシコやペルーでは飼育までにとどまっていることが多い。また，ブラジルではインテグレーターが養鶏生産者との生産契約によりブロイラーを飼育するのに対して，メキシコやペルーでは自社農場で飼育する割合が高い。そこで本章では各国でブロイラー産業が成長した過程や，主要なインテグレーターの特徴を検討して，それらのちがいを生み出した要因を考察した。

　インテグレーションの範囲が異なるのは，商品の荷姿や出荷先などの市場構造のちがいによる。生きた鶏を処理しただけの中抜きと体を伝統的な小売市場に出荷する場合には，インテグレーションは進まない。しかし，モモ肉やムネ肉などをスーパーに出荷する場合や二次加工のために原材料を供給する場合，さらには国外のフードサービスや食品製造企業に原材料となる鶏肉を供給するには細かな需給調整が必要となり，インテグレーションの範囲が広がる。

　インテグレーターと飼育部門の関係が異なるのは，インテグレーターの出自や生産契約の担い手となる養鶏生産者の有無による。インテグレーターが食肉加工企業の場合には，飼育を担う養鶏生産者が必要である。さらに，ブラジルでは政府による生産者支援が行われたこともあり，生産契約の受け手となる養鶏生産者が多数存在していた。一方ペルーでは，養鶏生産者が成長してインテグレーターとなったため，自社農場での飼育が主となっていた。メキシコでは地方や企業によってちがいがみられる。

　以上より，商品の荷姿や出荷先などの市場構造や，インテグレーターの出自や養鶏生産者の有無が，ブロイラーインテグレーションの形を規定することが明らかになった。しかし，ここで新たな疑問が生まれる。ラテンアメリカ諸国では2000年代半ばからの好調な経済成長により，多くの国で消費者の所得水準が上昇し，消費の形態も変化している。今回とりあげた3カ国のなかで最も所得水準が低いペルーにおいても，中間層の数が増え，都市部を中

心にそれをターゲットにしたスーパーマーケットが増えている。にもかかわらず，ブロイラーインテグレーションが処理解体や加工まで拡大しないのはどうしてだろうか。そこで次章ではペルーの養鶏産業をとりあげ，その発展を詳細に検討することで，インテグレーションが川上にとどまっている理由を考察したい。

〔注〕
(1) 本章の基となった清水（2012）は，ラテンアメリカのブロイラーインテグレーションに関する共同研究（清水 2010a；星野 2010；清水 2010b；北野 2010）を発展させた研究である。共同研究では，メキシコ，ペルー，チリを比較したが，清水（2012）では，チリの代わりにラテンアメリカで鶏肉産業が最もダイナミックに成長しているブラジルをとりあげた。さらに本章では，2015年8月にブラジルとペルーで実施した調査のデータも付け加えて分析した。
(2) 原種鶏（Grandparent Stock: GPS）は食用の鶏の祖父母，種鶏（Parent Stock: PS）は親に当たる。
(3) 飼料転換率（飼料要求率）は，ブロイラーの体重1キログラムを増やすのに必要な飼料の量の比率。
(4) オールインオールアウトとは，鶏舎に一斉にヒナを入れて（オールイン）飼育したあと，一斉に出荷する（オールアウト）管理方法。出荷後に鶏舎を洗浄・消毒することで，疾病を予防する。
(5) 出荷までの日数や飼料転換率の数字は，ブラジルについては植木（2007, 80），メキシコについては星野（2010, 13），ペルーについてはペルー農業省（MINAG s/f）を参照した。
(6) BRF社国際関係担当部門のルイス・ルア氏（Luis Rua）へのインタビュー（2015年8月）。
(7) JBS社広報担当取締役ジェリー・オカガン氏（Jerry O'Callaghan）へのインタビュー（2015年8月）。
(8) ブラジルで販売される鶏肉は公的機関の検査を受けることが義務づけられている。輸出ならびに州外で販売される場合には，連邦政府の検査（Serviço de Inspeção Federal: SIF），州内または市内で販売される場合には，それぞれ州または市の検査に合格する必要がある（BRF社コンコルジア処理解体場ノルトン・ロドリゴ氏（Norton Rodrigo）へのインタビュー，2015年8月）。
(9) これらの特徴は最近でも大きくは変わっていない。2014年現在，バチョコ社は約4分の3の農場を自社で所有している。また，出荷に占める割合は生

鳥が36％，と体（中抜きを含む）が42％，解体品と加工品がそれぞれ11％と，依然として加工度の低い商品の割合が高い（Industria Bachoco 2014年年次報告書20-F）。

(10)　サンフェルナンド社需要分析担当のセサル・パディヤ氏（Cesar Padilla）へのインタビュー（2015年8月）。

(11)　ラテンアメリカの養鶏業界の業界誌 *Industria Avícola* 誌2015年11月号によれば，世界のブロイラーインテグレーター上位50社のなかに，ブラジルのBRF社（2位），JBS社（4社），メキシコのバチョコ社（6位），ペルーのサンフェルナンド社（35位）が含まれている。

(12)　ブロイラーの生育を早めるために，温度・湿度・照度を制御する技術を取り入れた鶏舎。窓がないことからウインドウレス鶏舎とも呼ばれる。

第6章

ペルーのブロイラー産業
―― その成長とインテグレーションの特徴 ――

ブロイラーの鶏舎(2008年8月,ペルー・イカ州,筆者撮影)

はじめに

　ペルーでも鶏肉の需給が拡大している。それは，生産段階で新しい技術の導入が進んで生産性が向上し，ほかの肉類と比べて相対的に安くなったからである。

　ペルーの養鶏生産者は1960年代以降に，鶏の専用種，配合飼料，飼育施設，飼育方法などにおいて外国から新しい技術を導入した。これによって生産性が向上し，たとえばブロイラーが2キログラムまで成長する日数は，1955年の112日から1970年には57日，1990年には44日，1999年には38日まで短くなっている（MINAG s/f）。

　これにともない鶏肉の価格は，ほかの食肉に対して相対的に安くなった。ペルー統計局の小売価格調査によれば，1980年末の鶏肉を1とした豚肉，牛肉の相対価格はそれぞれ，1.39，2.07であった。これが2000年末では1.76，2.72，2014年末には1.89，2.97となり，豚肉と牛肉が鶏肉に対して相対的に高くなっている。魚類のなかで消費量の多いアジと比べると1キログラム当たりの価格は一般に鶏肉の方が高いものの，その差は最近小さくなっている。さらに年間をとおしてみると，価格変動が大きいアジに対して鶏肉は価格が安定しており，季節によっては鶏肉の方が安くなることもある[1]。このように安価な動物性タンパク質として，鶏肉はペルーで最も人気のある食材の1つになっている。

　しかし第5章でみたとおり，ペルーのブロイラー産業の発展には，米国や日本などの先進国はもちろん，ブラジルやメキシコなどほかのラテンアメリカ諸国とも異なる特徴が2点ある。1つはインテグレーションの範囲が限定されていること，そしてもう1つはインテグレーターが自社農場で生産する割合が高いことである。

　先進国やブラジルではインテグレーターが投入財の供給からブロイラーの処理解体，加工，流通までを幅広く統合している。これに対してペルーのイ

ンテグレーターは投入財供給とブロイラー飼育の川上の段階を統合するだけで，処理解体や加工を行うのは全体の2割にとどまり，飼育したブロイラーの8割を生きたまま卸売業者に出荷している。

またペルーでは，ブロイラーの飼育部門を中心としてインテグレーションが進んできた。米国やブラジルでは食肉加工企業が，日本では種鶏や加工部門を所有する総合商社が，処理解体や二次加工部門をまでを統合するインテグレーションを形成した。とくに米国やブラジルでは，インテグレーターは自社農場をほとんど所有せず，養鶏生産者と生産契約を結んでブロイラーの飼育を委託した[2]。これに対してペルーでは，ブロイラーの飼育部門で拡大した養鶏生産者が，飼料や種鶏部門を統合しながら規模を拡大してきた。そのため，自社でのブロイラー飼育が事業の中心となってきた。

このように，インテグレーションの範囲やインテグレーターと飼育部門の関係が異なる要因として，商品の輸送形態や出荷先などの市場構造のちがい，そしてインテグレーターの出自や養鶏生産者の支援の有無を指摘できることを第5章で確認した。それでは，なぜペルーでは生鳥流通の割合が多く，食肉加工企業ではなく養鶏生産者がインテグレーターとして成長したのだろうか。本章ではペルーのブロイラー産業の発展を詳細に検討することで，これらの問いに対する答えをみつけたい。

以下では，ペルーにおけるブロイラーの需給を確認してから，ブロイラー産業の発展とインテグレーション形成の経緯を説明する。つづいて，ブロイラー流通の特徴と近年の変化を確認する。最後に，ペルーのブロイラーインテグレーションが他国と異なる要因を考察する。

第1節　需給拡大と産業の成長

ペルーにおいてブロイラー生産は，農畜産業総生産の19.1％（2013年）を占める最も重要な部門である（MINAGRI 2015, 10）。過去40年間の食肉生産の

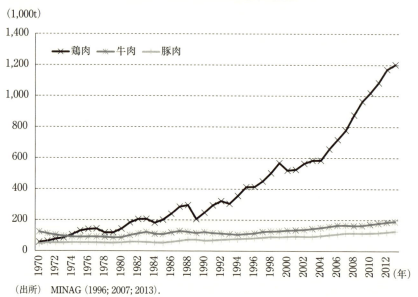

図6-1　ペルーにおける食肉生産量

（出所）　MINAG（1996; 2007; 2013）.

　推移をみると，牛肉や豚肉の生産量がわずかな増加にとどまるのに対して，鶏肉の生産量はほぼ一貫して増加している。2013年の生産量は，牛肉19万トン，豚肉13万トンに対して，鶏肉は120万トンを超えている（図6-1）。
　消費面からみても鶏肉は最も重要な食料の1つである。1人当たりの年間消費量は，1990年の10.0キログラムから2013年には37.0キログラムへと8倍以上に増えている[3]（図6-2）。同じ期間に，牛肉は5.6キログラムから6.3キログラム，豚肉は3.1キログラムから4.3キログラムとわずかしか増加していない。また，他のラテンアメリカ諸国と比べて消費量が多い魚肉でも同期間に13.8キログラムから18.4キログラムへの増加にとどまっている。これらの数字から，鶏肉がペルー人の食生活に定着し，最も重要な動物性タンパク源となっていることがわかる。
　このような需給の拡大を支えたブロイラー産業の発展は，大きく3つの時期に分けられる。第1に1970年代初めまでの外国からの技術の導入期，第2

図6-2 1人当たり年間消費量

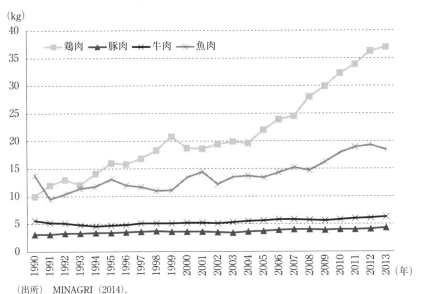

(出所) MINAGRI (2014).

に1980年代末までの川上段階に限定したインテグレーション形成期，第3に1990年代以降の淘汰・集中期である（清水 2008b）。1970年代まではおもに種鶏部門などで外国企業が影響力をもっていたものの，1980年以降にインテグレーションを形成して1990年代の淘汰・集中期に生き残ったのは，飼育部門において拡大した国内企業が中心であった。

1．新技術の導入期

ペルーでは1970年代末までに，ブロイラー専用種やそれに合わせた配合飼料など，外国からの技術導入が進んだ。まずブロイラー専用種についてみると，1970年代初めまでに欧米の主要ブロイラー育種会社が直接，間接にペルー市場に参入した。米国のアーバーエーカー社（Arbor Acres）がペルー国内に子会社を設立したほか，英国のロスポウルトリー社（Ross Poultry），カ

ナダのシェイバーポウルトリーブリーディング社 (Shaver Poultry Breeding), 米国のハバード社 (Hubbard), コッブ社 (Cobb) などがペルー国内の種鶏農場と代理店契約を結び, 種鶏, 有精卵, ヒナなどを販売した。1976年の時点で国内には約80の種鶏場があったが, これら外国の育種企業とつながりをもつ国内の主要6社は, ブロイラー生産全体の7～8割のシェアをもっていた (Fernández-Baca et al. 1983, 116-121)。

つぎに飼料原料については, それまでは綿花や小麦の加工段階において排出された残滓や国内で入手可能な魚粉を利用していたが, ブロイラー専用種の導入とともにおもに米国やアルゼンチンから輸入されたトウモロコシの利用が中心となった。カーギル社 (Cargill) やバンゲ社 (Bunge y Born) などの穀物商社が飼料原料を輸入し, これを国内の飼料製造企業が配合した。当時の大手8社の飼料製造企業のうち, 3社が外資系企業であった。なかでもプリナ社 (Ralston Purina) のペルー法人であるプリナペルー社 (Purina Peru) は, ブロイラー用飼料の製造だけでなく, 種鶏農場, ふ卵場, 鶏肉の流通にも進出するなど, インテグレーションの先駆けを築いた (Fernández-Baca et al. 1983, 116-117; Tume Torres 1981, 167)。

この時期, 政府は養鶏産業の発展を促すために, 資本財や投入財に優遇的な融資や税制優遇を与えた。また, 逼迫する牛肉の需給を調整するために1972年, 政令で毎月15日間牛肉の販売を禁止したことは鶏肉の需要を押し上げる要因となった (Tume Torres 1981, 162)。このような技術導入や政府による産業振興の結果, 鶏肉生産量は1960年の2万3000トンから, 1969年には4万2000トン, 1971年には6万3000トンへと拡大した。

2. インテグレーション形成期

種鶏飼育, ふ卵, 飼料製造では, 外国企業とつながりのある少数の企業が強い影響力をもっていた。それに対して, ブロイラーの飼育部門は約3000の比較的小規模な国内生産者が担っていた。しかし, 1970年代半ばからの経済

変動を機にこれが変化した。ブロイラー生産者のなかから川上部門である種鶏飼育，ふ卵，飼料製造を統合し，インテグレーションを形成する企業が出てきたのである。

　経済変動のきっかけとなったのは，1972年のエルニーニョ現象によって，ペルーにおけるカタクチイワシの漁獲量が大幅に減少したことである。カタクチイワシから製造する魚粉は動物性タンパク質としてブロイラーの飼料に使われていたことから，供給減少による魚粉の価格高騰は，植物性タンパク質の飼料原料で魚粉の代替となる大豆粕の価格上昇を引き起こした。さらに1973年6月には，米国政府が大豆の輸出禁止を発表した。これらの影響を受けて国際市場における穀物価格が全般的に値上がりした。ブロイラーの飼料原料として最も重要なトウモロコシ価格も，それまでのトン当たり160～170米ドル（以下，ドル）から，1974年には280ドル近くまで急騰した（Dowswell et al. 1996, 15）。ペルーのブロイラー産業の輸入トウモロコシへの依存度はこの時点ではまだ低かったものの，国際市場の影響を受けて国内の飼料価格が上昇した。

　国内では，1968年に成立したベラスコ軍事政権が経済運営で失敗し，1975年に無血クーデターによりモラレス政権が誕生した。モラレス大統領はそれまでの経済政策を一転して，補助金の削減をはじめとする緊縮財政を実施した。その結果，国内経済は縮小し，1978年には3.8％のマイナス成長を記録した。

　飼料価格の高騰や経済のマイナス成長は鶏肉の生産と消費に大きな影響を与えた。1960年代から急速に拡大してきた生産量は，1977年の14万3000トンから1978年には11万9000トンに落ち込んだ。

　このような経済変動とそれにともなう生産・需要の大きな減少は，養鶏生産者や関連企業の淘汰をもたらした。飼料製造企業，種鶏企業，ブロイラー生産者は，規模を拡大し，インテグレーションを進めることで生き残りを図った。自前で飼料部門や種鶏部門をもつまでに規模を拡大すれば，飼料やヒナの調達コストを削減できるだけでなく，それらの質や安定供給を確保でき

るからである。

　飼料製造では当時最大手だったニコリーニ兄弟社（Nicolini Hermanos）が，飼料価格高騰によって債務が払えなくなった養鶏生産者の生産設備を吸収して飼育部門に進出した。同様に飼料大手のモリノスタカガキ社（Molinos Takagaki）も小規模ながら飼育部門に進出したほか，1980年代末までには種鶏農場，ふ卵場，処理場を所有した。

　飼育部門では最大手のサンフェルナンド社（San Fernando）は，まず自社で小規模な処理場を設けて，1972年に消費者向けの販売を始めた。つぎに，1977年に飼料製造のモリノスマヨ社（Molinos Mayo）を設立した。それまで配合飼料を購入していたニコリーニ兄弟社がブロイラー飼育に参入して競争相手となったため，自らが使う飼料を確保するために飼料部門に進出したのである。つづいて，1980年には種鶏農場を設立し，1987年にはコッブ種の独占代理店として原種鶏農場を設立した。

　サンフェルナンド社はそれまで首都リマ市の周辺でブロイラーを生産・販売してきたが，1985年に北部のラリベルタ州の養鶏企業を買収し，この企業が所有する飼料製造工場，種鶏農場，飼育施設などを手に入れた。チムーアグロペクアリオ社（Chimú Agropecuario）と名づけられたこの企業は現在，サンフェルナンド社のグループ企業として北部の市場を中心に販売している。

　種鶏企業では，ロス種の原種鶏農場を所有していたアビコラアタワンパ社（Avicola Atahuampa）が成長した。同社は，中小のブロイラー飼育業者が集まって組織したイナエサ社（INAESA）にヒナを供給していた。しかし，1985年頃にイナエサ社が経営悪化のためにヒナを購入しなくなると，自ら飼育部門に進出した（Tume Torres 1978; Miyashiro 2007）。

　1980年代末まで養鶏部門は政府による振興の対象となっていた。その一例が，国の農業投入財流通公社（Empresa Nacional de Comercialización de Insumos: ENCI）による農業投入財の一元輸入・販売である。公社は過大評価された為替レートを適用して飼料原料や肥料を輸入したので，養鶏生産者は公社から割安の輸入飼料原料を調達することができた。さらに農業部門に対する振

興策により，原種鶏やふ卵器などの資本財も安い価格で入手できたことも，ブロイラー生産の拡大につながった。

このような生産者を中心としたインテグレーションの形成と好景気や政府による支援策により，鶏肉生産は1988年には29万6695トンへと増加した。

3．生産者の淘汰・集中期

1980年代末以降の鶏肉生産量の推移をみると，1989年には経済危機のために20万5000トンまで落ち込むが，1990年代はほぼ右肩上がりに成長した。2000年には52万トン，2010年には102万トンとこれまでと比べて急速に生産が拡大している（MINAG 2013）。この間，1990年に始まった経済自由化と1990年代半ばの飼料価格高騰をきっかけとして，ブロイラー産業では淘汰と集中が進んだ。

1990年に始まった経済自由化改革により為替相場は自由化され，国営企業は解体されて民間企業が自由に農業投入財を輸入できるようになった。これにより飼料部門をもつインテグレーターは，国際市場から大量に飼料原料を調達することでコストを下げることが可能になった。

つづいて，1990年代半ばに鶏肉の供給過多による価格の下落と，国際市場における飼料原料の高騰が起きた。1994年，ペルー経済が12％を上回る経済成長を記録したのに対応して，多くのブロイラー飼育業者が鶏肉需要の増加を見込んで供給能力の拡大に投資した。しかしその後は成長が減速し，1996年頃には需要が落ち込んで供給過剰となった。さらに1996年から1997年にかけて飼料原料価格が高騰した。国際市場における価格は，1990年代前半にトウモロコシがトン当たり100～120ドル，大豆粕が200～250ドルだったのが，前者は1996年に200ドル，後者は1997年に320ドルを超えた[4]。供給過剰のために生産コストの上昇を鶏肉の販売価格に転嫁できず，多くのブロイラー飼育業者が経営に行き詰まった。全国にあるブロイラー飼育農場の数は，1970年代の約3000から2000年には695に減少した（MINAG 2001）。

その結果，おもに飼育部門を中心とする大手インテグレーターへの集中が進んだ。最大手のサンフェルナンド社がこの機会を利用して，1995年に中規模のブロイラー生産4社を吸収した。これにより同社の生産能力は倍になり，ペルー全体の鶏肉販売におけるシェアは1994年の32％から2000年には48％に上昇した（Miyashiro 2007, 151-155）。

　そのほかのインテグレーターも事業の整理・再編を余儀なくされたが，供給過剰の危機を乗り切った飼育部門を中心とした企業が，現在の大手インテグレーターとなっている。飼料大手モリノスタカガキ社の飼育部門は，穀物流通大手のコンチネンタルグレイン社のグループ企業から60％の出資を受け入れてアビンカ社（Avinka）として再出発した。

　リマ州北部のワチョ市に本社をおいたアビコラアタワンパ社（Avícola Atahuampa）は，以前から別会社として所有していた飼料，飼育部門を統合し，1996年にレドンドス社（Redondos）を設立した。同時にもともと事業の中心であったロス種の原種鶏農場を手放し，ブロイラーの飼育を事業の中心に据えて拡大した。現在はサンフェルナンド社に次ぐ国内第2のインテグレーターとなっている。

　ブロイラーの供給過多が一段落した1997年には，それまで牛の飼育を手がけていたガナデラサンタエレナ社（Ganadela Santa Elena）が新規に参入した。稼働していなかった鶏舎を安く借りて，短期間に大手インテグレーターに成長した。

　リマ首都圏以外でも，規模の大きい都市が存在する北部と南部のそれぞれで，大手インテグレーターが現れた。北部では主要都市のトルヒーヨ市で，サンフェルナンド社のグループに属するチムーアグロペクアリオ社のほかに，エルロシオ社（El Rocio），アビコラユーゴスラビア社（Avícola Yugoslavia），モリノラペルラ社（Molino La Perla），トルヒーヨ市の北にあるパカスマヨ市ではテクニカアビコラ社（Técnica Avícola），南部のアレキパ市ではリコポヨ社（Rico Pollo）が大手インテグレーターに成長した。

　表6-1にペルーの大手インテグレーターによる生産規模を示した。2013年

表6-1　大手ブロイラーインテグレーターの生産規模

企業名	場所	年間飼育羽数（2013年）	
		(1,000羽)	シェア（%）
サンフェルナンド社（San Fernando）	リマ市	240,000	42.3
レドンドス社（Redondos）	ワチョ市	46,000	8.1
チムーアグロペクアリオ（Chimú Agropecuario）	トルヒーヨ市	40,000	7.0
リコポヨ社（Rico Pollo）	アレキパ市	31,000	5.5
アビンカ社（Avinka）	リマ市	27,000	4.8
ガナデラサンタエレナ社（Ganadela Santa Elena）	リマ市	26,000	4.6
エルロシオ社（El Rocio）	トルヒーヨ市	24,000	4.2
アビコラユーゴスラビア社（Avícola Yugoslavia）	トルヒーヨ市	16,500	2.9
モリノラペルラ社（Molino La Perla）	トルヒーヨ市	15,600	2.7
テクニカアビコラ社（Técnica Avícola）	パカスマヨ市	15,000	2.6
メルコアベス社（Mercoaves）	トルヒーヨ市	13,600	2.4
その他		86,900	15.3
合　計		568,000	100.0

（出所）　*Insustria Avícola*, marzo 2014（http://www.industriaavicola-digital.com/201403）．

の年間飼育羽数では，サンフェルナンド社とグループ企業のチムーアグロペクアリオ社でほぼ5割を占めている。それ以外に年間2000万羽以上飼育している大手インテグレーターは5社にのぼる（Industria Avícola 2014）。

　飼育部門を中心としたインテグレーターが種鶏や飼料を統合したことで，これらの部門でも集中が進んだ。1960年代にはアーバーエーカー社をはじめ大手6社が供給する品種が飼育されていた。しかし2000年の調査では，コッブ種が66.0％，ロス種が27.4％を占めており，この2つへの集約が進んだ（MINAG 2001）。前者はサンフェルナンド社が供給し，後者はアビコラアタワンパ社に代わって原種鶏農場を設置したエルロシオ社が供給している。国内の大手インテグレーターは，おもにこの2社から種鶏を調達している。飼料供給でも大手インテグレーターが重要な役割をはたしている。飼料原料であるトウモロコシの輸入においては，アビンカ社の親会社であるコンティラティンデルペルー社（Contilatin del Perú），サンフェルナンド社，リコポヨ社

などの大手インテグレーターが，全体の約6割を占めている。

　ペルーの大手インテグレーターの特徴は，養鶏生産者が規模を拡大してインテグレーターになっていることである。米国やブラジルの場合，食肉加工企業が大手インテグレーターになっている。これらの大手インテグレーターは，ブロイラーの飼育は外部の養鶏生産者に生産契約で委託する。しかしペルーの場合は，自社農場や稼働していない鶏舎を借りて，自社の資源を使って飼育する自社飼育が重要な割合を占めている。2007年時点の自社飼育の割合は，最大手のサンフェルナンド社が約40％，レドンドス社は100％，アビンカ社が約60％，ガナデラサンタエレナ社が約50％であった。その後の規模拡大により大手を中心に生産契約による飼育が増えているが，それでもサンフェルナンド社は2015年時点で20％を自社で飼育している。また，アビンカ社のように約80％へと増やしたケースもある[5]。

第2節　ブロイラー流通の特徴

　ペルーのブロイラー産業における特徴の1つは，卸売段階まで生きたまま流通する鶏の割合が高いことである。米国や日本のような先進国はもちろん，ブラジルやメキシコ北部でも，ブロイラーはインテグレーターの処理解体施設で中抜きと体や解体品に加工されてから流通する。しかしペルーでは，今日においても，生産されるブロイラーの約8割が生鳥のまま卸売段階まで流通している。ここではまず，ペルーにおけるブロイラーの流通近代化に向けたこれまでの動きを確認する。つぎに生鳥が主である現在の鶏肉流通の現状と，大手インテグレーターによる処理解体・二次加工部門の拡大について説明する。

1．流通近代化への取り組み

　ブロイラー産業の拡大に際し，政府は鶏肉流通の近代化を試みた。しかし，後述するペルー特有の生産要素の条件や慣習などにより，生産部門と比べて流通部門はなかなか近代化が進まなかった。
　1970年代前半に鶏肉の供給量が急速に増加した際，鶏肉の流通に際して規則がなかったために品質や衛生面での取り扱いが問題となった。これに対して当時の食糧省は1977年に「食鳥のと鳥と流通に関する規則」[6]を制定し，鶏肉流通の近代化を図った。当時ブロイラーの約8割が生きたまま，残りがと体で流通していた（Tume Torres 1981, 243）。そこで食糧省は，(1)卸売機能をもつ生鳥流通センターの設立，(2)小売市場における加工施設の整備，(3)生鳥での流通の禁止，の3段階に分けて鶏肉流通の近代化を進めようとした。
　まず第1段階については規則どおりに実施された。最大の消費地であるリマ市内9カ所に生鳥流通センター（Centro de Distribución de Aves Vivas）を設置し，リマ首都圏で消費されるブロイラーはこのセンターを経由して流通することを決めた。その後，リマ首都圏の地理的拡大と人口増加による鶏肉の取扱量の増加に合わせ，1995年までに生鳥流通センターは14カ所へと増えた。また，経済自由化改革により卸売業者の組合などが運営するようになり，名前も生鳥集積センター（Centro de Acopio de Aves Vivas）と変更された。
　生鳥集積センターの取扱量は拡大したものの，品質や衛生管理については改善が進まず，第2段階のと鳥設備の整備は一部にとどまっている。さらに1992年に経済改革の一環として鶏肉販売に売上税が課されるようになると，これを逃れるために生鳥集積センターをとおさない取引が増えたことも鶏肉流通の近代化を妨げる要因となった[7]（MINAG 1996, 7-8, 29-30）。
　2000年代に入って政府は，再び鶏肉流通の近代化に取り組みはじめた。2003年に「集荷とと鳥の衛生に関する規則」[8]，つづいて2007年に「鶏の衛生に関する規則」[9]を制定し，国立農業衛生機構（Servicio Nacional de Sanidad

Agraria: SENASA）が生鳥の集荷場やと鳥場の設置・運営に関して検査・承認し，食鳥検査制度を導入することを定めた。現在，この制度を実施に移すべく準備を進めているが，実際に施設の承認や食鳥の検査が行われているのは，大手インテグレーターの農場や処理解体場に限られている。

2．生鳥主体の鶏肉流通

ペルー国内で供給される鶏肉の現在の流通経路について簡単にまとめたのが，図6-3である。2013年に全国で供給された鶏肉は約112万7000トンで，54％がリマ首都圏，残りがそれ以外に出荷されている。それぞれに出荷された分について，インテグレーターの所有する処理解体場でと体に処理されるものと，処理されずに生鳥集積センターをはじめとする生鳥市場へ出荷されるものとに分けると，前者が22％，後者が78％になる。まず卸売段階までの生

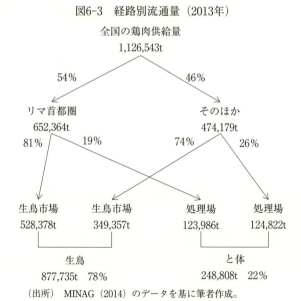

図6-3　経路別流通量（2013年）

（出所）　MINAG（2014）のデータを基に筆者作成。
（注）　生鳥市場の流通量は，全体から処理場分を引いて算出。

鳥流通について順を追ってみていこう。

　飼育農場においてブロイラーが出荷体重に達すると，大手インテグレーターは自社で処理する分を除いて卸売業者に販売する。卸売業者はトラックと労働者を手配して，夜から深夜にかけて鶏舎をまわって集鳥する。これを早朝までにリマ市内の生鳥集積センターに運ぶ（写真6-1）。なお最大手のサンフェルナンド社は，集鳥と生鳥集積センターまでの輸送を自社で行う。

　卸売業者は，生鳥集積センターに集めた鶏を生きたまま他の流通業者や小売業者に販売するほか，センターに隣接する処理場や自社の処理場でと体にする。メルカドと呼ばれる小売市場[10]のなかにある鶏肉店は，このと体を仕入れる。鶏肉店はと体から内臓を取り出した中抜きと体を販売する。さらに顧客の要望に応じて半分や4分の1などに切り分けるほか，ムネ肉やモモ肉などの解体品にして販売する。生鳥のまま仕入れた鶏肉小売店の場合は，店

写真6-1　リマ市内の生鳥集積センター

(2008年8月，リマ市サンルイス区，筆者撮影)

内で処理と解体を行う[11]。

このように鶏が生きたまま卸売段階まで流通する場合，インテグレーターと卸売業者は事前に価格と数量について合意をして取引を行うものの，文書による契約を交わすわけではない。これは卸売業者と小売業者の取引についても同様である。インテグレーター，卸売業者，小売業者は，基本的にはこれまでに実績のある業者と取引を行うが，価格や品質で合意できなければ，他の業者との取引に切り替えることもある。これは，生鳥やと体にはブランドがなく，どの業者から仕入れても大きなちがいがないためである。

3．自社処理解体場での加工

自社の処理解体場や二次加工場を所有する大手インテグレーターは，生きた鶏を生鳥集積センターへ出荷する一方で，2割程度を自社で処理解体，二次加工している。インテグレーターが自社の施設で処理解体するブロイラーは，大きさによって2種類に分かれる。1つは生鳥集積センターへ出荷するのと同じ鶏肉用の大型鶏（おもに雄鶏で2.5キログラム以上——saca para bodegaまたはpollo carneと呼ばれる）で，もう1つはポヨアラブラサと呼ばれる，ペルーで非常に人気の高いローストチキン料理用の小型鶏（おもに雌鶏で2キログラム以下——saca para parrillaまたはpollo a la brasaと呼ばれる）である。

大型鶏は処理して，おもに中抜きと体としてスーパーマーケットに販売する。スーパーマーケットは店のバックヤードでムネ肉やモモ肉に解体して消費者に販売する。大型鶏の一部は自社で二次加工品の原料にする。二次加工場では，鶏肉や豚肉を原料としたチキンナゲットやソーセージなどを製造して，冷凍品として出荷する。小型鶏はポヨアラブラサのレストランチェーンに販売する。中抜きと体のままのほか，顧客の注文に応じて準備した調味液に浸してから出荷する場合もある。

大手インテグレーターとスーパーマーケットやレストランチェーンとの取引は，契約文書はないものの数カ月単位の合意による取引が一般的である。

まとまった量の鶏肉を供給できるインテグレーターや調達する需要家が国内には多く存在しないため，生鳥と比べると固定的な取引となる。

第3節　インテグレーションの規定要因

これまでに，ペルーのブロイラー産業における特徴として，飼育部門を中心に拡大した企業が中心となってブロイラーインテグレーションを形成したこと，そして鶏肉流通において近代化が進まず現在でも鶏の大部分が生きたまま卸売段階まで流通していることを確認した。本節ではこれらの特徴を生み出した要因について検討する。流通形態がインテグレーションの形成に大きな影響を与えていると考えられることから，まず鶏肉流通の近代化を妨げる要因として産地と消費地の立地や消費者の慣習・嗜好・制度について検討する。つぎに，飼料業者や食肉加工業者ではなく，養鶏生産者がインテグレーターとなった理由について考察する。

1．流通近代化の阻害要因

流通近代化が進まない理由としてつぎの2点が指摘できる。1点は産地と消費地の立地で，両者が近接しているために鶏の輸送形態が変わらないことである。そしてもう1点は慣習・嗜好・制度に関することで，所得水準の向上にもかかわらず，消費者の慣習や嗜好がなかなか変わらないことや，鶏肉流通に関する規制に実効性がないことが影響している。

(1)　産地と消費地の立地
日本ではブロイラーの生産規模が拡大すると，安価な土地や労働力を求めて産地が消費地から離れた場所へと移動した。ブロイラーは生きたまま輸送すると体重が減ったり，移動中のストレスなどで死んだりする。そのため産

表6-2 ブロイラーの主要産地

州　名	地域	主要消費地	飼育羽数(2012年)	割合（%）
リマ	海岸地域	リマ首都圏	55,571,603	62.1
ラリベルタ	海岸地域	トルヒーヨ市	16,134,498	18.0
アレキパ	海岸地域[1]	アレキパ市	7,817,884	8.7
イカ	海岸地域	リマ首都圏	2,119,363	2.4
ピウラ	海岸地域	ピウラ市	1,914,031	2.1
アンカシュ	海岸地域	トルヒーヨ市	1,437,875	1.6
サンマルティン	アマゾン地域	タラポト市	1,328,244	1.5
その他			3,220,263	3.6
合　計			89,543,761	100.0

（出所）　INEI（2012）．
（注）　1) アレキパ州は海岸地域とアンデス地域にまたがっているが，ブロイラーの飼育は海岸地域で行われている。

地内での処理解体が進んだ。これにより消費地への鶏の輸送形態も，生鳥からと体へ，さらに解体品へと変化した（吉田 1974）。現在では産地で処理解体されてトレイにパックされた鶏肉が，トラックによる低温輸送網（コールドチェーン）によって主要消費地のスーパーマーケットへ運ばれている。

　これに対してペルーのブロイラー産業の場合，生産が拡大しているにもかかわらず消費地に比較的近い場所で生産が続けられている。表6-2は，2012年農牧業センサスのデータに基づいてブロイラーの主要産地についてまとめたものである。調査時点にペルー国内では9000万羽弱のブロイラーが飼育されていたが，うち95％以上が海岸地域に集中している。主要産地のある州は，リマ州，ラリベルタ州，アレキパ州などである。これに対して主要な消費地はリマ首都圏のほか，北部のトルヒーヨ市，ピウラ市，南部のアレキパ市などの主要都市である。つまり主要産地は主要消費地の近くに立地している。他国をみると，米国では南部，日本では東北と南九州，ブラジルでは南部や中西部など，主要消費地から遠い場所が主要産地となっている。これと比べると，産地と消費地が近接して立地していることはペルーのブロイラー産業の特徴といえる。

第6章　ペルーのブロイラー産業　161

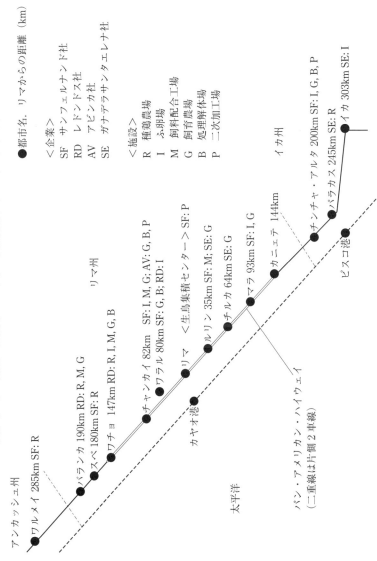

図6-4　リマ周辺の主要なブロイラー関連施設（2009年1月現在）

(出所)　各企業へのヒアリングタ゛ウェブサイトの情報に基づいて筆者作成。

リマ首都圏周辺に絞って主要なブロイラー関連施設の立地についてみたのが，図6-4である。種鶏農場，ふ卵場，飼料配合工場，飼育農場，処理場，二次加工工場といった大手インテグレーターのブロイラー関連施設のほとんどが，リマの北190キロメートルのバランカ市から，南200キロメートルのチンチャアルタ市のあいだのパンアメリカン・ハイウェイ沿いに位置している。

飼料原料はリマの近くにある国内最大のカヤオ港や南にあるピスコ港から輸入され，配合工場で飼料に加工したあと，飼育農場に運ばれる。有精卵は種鶏農場からふ卵場に運ばれてヒナが生まれ，飼育農場に配送される。そして成長したブロイラーの多くは生きたままリマ市の生鳥集積センターに運ばれるほか，一部は最寄りの処理場で加工される。これらを結ぶハイウェイの大部分が片側2車線で整備されており，最も遠いブロイラー飼育農場からでも2時間程度でリマ市の生鳥集積センターまで輸送することができる。このようにブロイラー産地がリマ首都圏から比較的近い場所にあるために，処理解体をしなくても消費地に輸送することが可能であることから，産地での処

写真6-2　砂漠に点在する鶏舎

(2008年8月，イカ州，筆者撮影)

理解体が進んでいないと考えられる。

　ペルーの海岸地域において，人口が集中し土地が希少であるはずの消費地の近くにブロイラー産地が立地できる理由として，宅地や農地には適していないがブロイラーの飼育には適した土地があることが指摘できる（写真6-2）。ペルーの海岸地域には砂漠が広がっているが，水が十分に利用できないために農業には適さない。しかし，沿岸を流れる寒流（フンボルト海流）のおかげで気温が上昇せずに年間をとおして安定しているため，ブロイラーの飼育には適している。農業に比べて必要な水の量が少ないブロイラー飼育の場合には，タンクローリーを用いれば必要な水は供給できる。さらに宅地や農地から離れているため，鶏糞の悪臭が問題とならないうえ，疫病の感染など動物衛生管理の観点からも望ましい。

(2)　慣習・嗜好・制度

　産地と消費地が近接していることに加えて，慣習・嗜好・制度がなかなか変わらないことも，鶏肉流通の近代化が進まない理由の1つである。購買にかかわる慣習をみると，人口の割合が高い低所得者層のほとんどは，現在でも小売市場（メルカド）で鶏肉を購入している。市場調査会社が2015年にリマ首都圏の主婦を対象に実施した調査によると，主婦の90％が食肉や魚介類を小売市場で購入すると答えた。これは，スーパーマーケットの16％，小型雑貨店の5％（複数回答）を大きく上回っている。近年の経済成長で都市部を中心にスーパーマーケットの開店が相次いでいるにもかかわらず，多くの消費者が現在でも，食肉，魚介，青果物といった生鮮食品については，小売市場での購入を好んでいる。とくに中間層や低所得者層は価格が安い小売市場を好む（Ipsos Apoyo Opinión y Mercado 2015）（写真6-3）。

　消費の慣習が変わらないのも同様である。小売市場には当日の朝に処理されたと体がぶら下がっており，店主が顧客の注文に応じてその場で解体する。リマ市の大手スーパーマーケットでは，ムネ肉やモモ肉，パン粉がついて揚げるだけに加工された鶏肉のほか，冷凍食品などが販売されているが，これ

写真6-3　小売市場（メルカド）内の鶏肉販売店

（2008年8月，カヤオ区，筆者撮影）

らを購入するのは一部の中高所得者層に限られている。これは，家庭における鶏肉の利用方法と関係している。ペルーの一般家庭では，多くの途上国と同様，ムネ肉やモモ肉などの正肉を食べるだけでなく，首，胴ガラ，内臓などほとんどの部位を利用する。首や胴ガラからはおもにスープをとり，内臓は別に調理する。鶏は正肉だけよりも骨や内臓がついたままの方が重量当たりの単価が安い。たとえば2012年12月のキログラム当たりの価格は，中抜きと体を1とするとムネ肉は1.46，モモ肉は1.28と3～5割程度高くなる。そのため多くの消費者は，切り分けられたムネ肉やモモ肉ではなく，鶏をまるごととか，半分，4分の1，という単位で購入する。

　鶏肉に関する嗜好では新鮮さが重要となる[12]。ペルーの消費者にとっての新鮮さとは，と鳥からあまり時間がたっておらず，冷蔵または冷凍されていないことを指す。小売市場には冷蔵ケースがないことも多く，衛生状態もよ

いとはいえない。そのため，処理してから時間がたっていなければ腐敗などの問題がないと消費者が理解していると考えられる。

　ペルーの消費者のあいだでは一般に，冷蔵または冷凍された鶏肉に対するイメージは悪い。小売市場で購入する消費者は，冷蔵された鶏肉は前日の売れ残りだと思って敬遠する。また，冷凍鶏肉はまずいという印象をもつ消費者が多い。1980年代後半に年間3万トン弱が輸入されたことがあったが，当時は冷凍技術の水準が低かったため質の低下が著しかったことから，そのイメージが消費者のあいだに定着した。

　制度面では，鶏の衛生管理にかかわる規制の実効性がないために，インテグレーターの処理解体場を経由するブロイラーの割合がなかなか増えない。前述したように，農業省傘下の国立農業衛生機構（SENASA）が中心になって，食鳥検査制度などの法律などを制定した。しかしこれらの規制は，現在のところ実効性をともなっていない。SENASAがブロイラーをはじめとする鳥類を扱う部署を設立し，実質的に活動を始めたのが2005年である。現在は鶏のワクチン接種，渡り鳥の監視，鳥インフルエンザが発生した際の対策の整備などを優先して進めており，食鳥検査など鶏肉の流通面での規制の実施は後回しになっている。その結果，SENASAの承認を受けずに操業する農場や処理場も多く存在している[13]。食鳥の衛生管理にかかわる規制の実施体制が整わないあいだは，鶏肉流通の近代化が進まず，生鳥での流通が多い状態が続くと考えられる。

2．養鶏生産者の成長

　日米やブラジルの事例をみると，飼料部門や食肉加工部門の企業が成長してインテグレーターとなった例が多い。これは第5章第1節でみたように，ブロイラー専用種の導入にともなって資金需要が増大した際に，飼料部門の企業が資金を供給したこと，そして，鶏肉価格の変動に際して，需要に関する情報を入手しやすい立場にある食肉加工部門の企業が情報を活用して成長

したからである。

　これに対してペルーの場合は，養鶏生産者が成長してインテグレーターになった。この要因としては，輸入飼料原料や処理解体された鶏肉に対する需要が小さく，その部門で企業が成長しなかった点が指摘できる。

　国内で飼料業者が成長しなかった点については，ペルーではおもな飼料原料であるトウモロコシが1970年代初めまでほぼ国内でまかなわれていたためだと考えられる。この時期には，養鶏生産者は自ら地元の農業生産者から飼料原料を調達して自家配合していた。1980年代になってブロイラー産業の成長とともに飼料需要が増えると，輸入原料に対する需要が増加した。しかし，1980年代末までは飼料原料の輸入に対して国の介入が強かったため，この部門を中心にインテグレーターとして成長する企業が現れなかった。その代わりに，すでに規模を拡大していた養鶏生産者自らがまず飼料製造に参入し，つぎに1990年代の経済自由化以降には自ら飼料原料の輸入を手がけた。

　食肉加工部門についても同様である。すでに述べたとおりブロイラーの約8割が生鳥で卸売段階まで流通し，消費者も胴ガラつきの鶏肉を好む。そのため，鶏肉生産者自身が生鳥集積センターなどをとおして消費の動向を把握することができる。食肉加工部門の企業が参入したとしても，解体品や加工品に対する需要が少ないだけでなく，需要に関する情報においても鶏肉生産者に対して有利な立場に立てるわけではない。そのため，養鶏生産者自らがインテグレーターとなって成長したのである。

　　おわりに

　本章は，ペルーにおけるブロイラー産業が先進国やブラジルとは異なる特徴をもっている要因について，産業が成長した沿革と生産や流通の特徴を掘り下げることで分析した。

　ペルーのブロイラー産業の最大の特徴は，鶏が生きたまま卸売段階まで流

通する割合が高いこと，つまりインテグレーションがバリューチェーンの川下まで及んでいない点である。日米やブラジルの事例を対象とした研究によれば，新技術の導入や規模の拡大にともない，投入財供給と飼育という川上部門のインテグレーションが形成される。それと同時に処理解体や二次加工が拡大し，川上と川中をまたぐインテグレーションの形成も進む。さらにスーパーマーケット，フードサービス，輸出など，川下までも統合が進んでいる。これに対してペルーでは，流通の近代化は進行せず，インテグレーションは川上（飼育まで）と川中（処理解体）のあいだで分断されたままである。

その要因として本章が注目したのが，産地と消費地の立地が近接していることである。ペルーの主要な鶏肉産地は海岸部に集中しており，そのあいだも高速道路で結ばれている。そのため，産地で処理解体をしなくても消費地に迅速に輸送することが可能である。加えて，慣習・嗜好・制度がなかなか変化しない点も重要である。所得が向上してスーパーマーケットの数が増えても，多くの消費者は，鶏肉をはじめとする生鮮食料品を，伝統的な小売市場（メルカド）で買うことを好む。その際も，モモ肉やムネ肉ではなく，中抜きと体を半分や4分の1に分割した胴ガラつきの鶏肉を買い求める。これは購買や消費に関する慣習や嗜好によるものである。

ペルーのブロイラー産業の特徴としてもう1つ指摘できるのが，養鶏生産者が成長してインテグレーターとなった点である。米国やブラジルでは育種部門まで取り込んだ食肉加工企業が，日本では総合商社や地場の食肉処理業者が中心となってインテグレーションを形成した。これは，生産から消費までのバリューチェーンのなかで，投入財供給や加工部門がより資本集約的であることや，消費動向や消費者の嗜好に関する情報が高い価値をもつからである。これに対してペルーでは，今日のインテグレーターは飼育部門を中心に拡大し，インテグレーションを形成してきた。これは，飼料や食肉加工など他の部門で業者が成長しなかったためだと考えられる。

本章からは，ブロイラー産業のバリューチェーンの統合は，産地と消費地の立地や消費にかかわる慣習や嗜好など，その国特有の条件に大きく影響さ

れてきたことがわかる。しかし，ブロイラー流通の大部分を生鳥が占めるという状況が今後も継続するとは限らない。何を契機としてバリューチェーンの川中，川下の統合が進むのか，ペルーのブロイラー産業の今後に注目していきたい。

〔注〕

(1) 相対価格はINEI各年版，Instituto Cuánto各年版の物価統計から算出。豚肉はリブロース（cerdo chuleta），牛肉はサーロイン（res bistec asado），鶏肉は中抜きと体（pollo eviscerado）の価格。
(2) 米国，日本，ブラジルのブロイラー産業については，Martinez（2002），浜口（1988），植木（2007），吉田（1974），九州経済調査協会（1997），張・斎藤（2006）などが詳しく分析している。
(3) 鶏肉の1人当たりの消費量（供給量）については，ペルー農業省の統計と国連食糧農業機関のデータベース（FAOSTAT）の数字が乖離している。2013年の年間1人当たり鶏肉消費量の推計は，ペルー農業省は37.0キログラムであるが，FAOSTATは11.7キログラムと極端に少ない。これは，国内供給量の半分以上を非食用と推計しているためである。この数字は不自然であること，そして本章では国内の他の食肉との比較が主になることから，ペルー農業省の統計を採用している（MINAG 1996; 2008; 2013）。
(4) 穀物価格については，国際通貨基金（IMF）のウェブサイトを参照した（http://www.imf.org/external/np/res/commod/index.aspx）。
(5) 各企業へのインタビューによる（2007年7月，2008年7〜8月，2015年8月）。
(6) Reglamento para el Beneficio y Comercialización de Aves para Consumo, Resolución Ministerial No. 0359-77 AL（食糧省の規則1977年359号）。
(7) 首都圏で消費される鶏肉のうち，1990年代半ばの時点で15〜20％が流通センターを経由しないインフォーマルな売買だと推定されている（MINAG 1996, 30）。これらの取引については正確に把握できないため，本章では農業省が公表している生産量と流通量のみを分析の対象としている。
(8) Reglamento Sanitario para el Acopio y Beneficio de Aves para Consumo, Decreto Supremo No. 019-2003AG（農業省の規則2003年19号）。
(9) Reglamento del Sistema Sanitario Avícola, Decreso Supremo No. 029-2007AG（農業省の規則2007年29号）。
(10) ペルーの都市部で消費者が食料品を購入する場所には，メルカド（mercado）と呼ばれる青果物，食肉，魚介類の小売業者が集まる市場（いちば，本書で

は「小売市場」と表記)のほか,日本と同様のスーパーマーケット (supermercado) や小型の雑貨店 (bodega) がある。
⑾　鶏肉流通の現状についてはリマ市の生鳥集積センター (Fiori, San Luis 地区),鶏肉店 (Breña 地区),スーパーマーケット,レストランチェーンでの聞き取り調査による (2007年7月, 2008年8月)。
⑿　ペルーにおける鶏肉にかかわる慣習や嗜好については,ペルー養鶏協会 (Asociación Peruana de Avicultura),ブロイラーインテグレーター各社,鶏肉店での聞き取り調査による (2007年7月, 2008年8月)。
⒀　国家農業衛生機関 (SENASA) 鳥類衛生プログラム (PRONASA) 担当官インタビュー2008年7月。

終　章

バリューチェーンの統合と農業・食料部門の発展

在来種のジャガイモ（2011年9月，ペルー・リマ市，筆者撮影）

本書はおもにペルーの事例をとおして，近年の農業部門におけるバリューチェーンの統合が，生産性の向上と付加価値の増大をもたらし，ラテンアメリカにおける農業部門の発展に結び付いていることを論じた。本章ではこれまでの議論をまとめる形で，どのような要因がバリューチェーンの統合を促したのか，統合によってバリューチェーン内の経済主体間の関係がどのように変化したのか，そして，生産や加工における生産性とそれが生み出す商品の価値がどのように変わったのかを論じる。最後に，グローバルバリューチェーン（GVC）研究における本書の位置づけについてもふれるほか，バリューチェーンの統合の今後の方向性と，途上国における農業部門を対象とした研究における本書の意義について述べる。

1．需要と技術の変化への対応

バリューチェーンの統合を促した要因として指摘できるのが，付加価値の高い食料に対する需要の増加と，生産，加工，流通などにかかわる技術の変化である。これらの変化に対応するために，バリューチェーンの各段階を担う経済主体が，統合を進めた。これにより，それぞれの主体が独立して活動する供給主導型（プロダクトアウト）のバリューチェーンから，それぞれの主体が密接に結び付いて需要や技術に関する情報を交換しながら消費者の求める食料を提供する需要主導型（マーケットイン）のバリューチェーンへと変化した。

ここで付加価値の高い食料というのは，農畜産物の加工品など利便性の高い食料はもちろんのこと，スーパーマーケットにおける年間をとおした生鮮品の豊富な品揃えや，商品の安全性が確保された質の高い農産物，フードサービスなどで調理された食料を含む。このような付加価値の高い食料への需要に対応するには，需要の情報をバリューチェーンのより川上へと伝える

必要がある。そのために経済主体は，バリューチェーンの統合を進めた。卸売市場などの現金市場による取引では，農産物の売り手である生産者と買い手である流通業者や加工業者のあいだでやりとりされるのは，価格や数量などの情報に限られていた。バリューチェーンを統合し，市場に代わって合意，契約，垂直統合による取引を行うことで，消費者の嗜好に関する情報など，需要に関する多くの情報を生産者が共有することが可能になった。これにより，単に収穫された農産物ではなく，消費者の欲する付加価値の高い商品に仕立てることが可能になった。

　付加価値の高い食料への需要増加は，先進国市場を中心に以前からみられた。しかし1990年代以降の経済自由化によって進展した貿易自由化と輸出の増加にともない，ペルーをはじめとするラテンアメリカの農業生産者も，先進国における需要の変化に直面するようになった。さらに2000年代に入ってからは，国内における新興中間層の拡大により，輸出市場だけでなく国内市場でも同様の変化がみられるようになった。

　もう一方で技術の変化とは，生産，加工，流通などバリューチェーンの各段階における技術革新を指す。これらの技術を導入することで，生産性を向上したり，商品の付加価値を高めたりできる。しかしそのためには，多額の投資が必要なほか，それらの多くは特定の取引に特化した投資（取引特殊投資）となる。たとえばブロイラー生産者の場合，特定のインテグレーターと取引をするために，インテグレーターが求める設備を備えた鶏舎を建設し，指定されたヒナや飼料を使う必要がある。このように生産者は，固定資本財，流動資本財の両方において，より多くの負担を求められるほか，価格や生産の変動によるリスクが増加した。その結果，資本やリスクの負担に耐えられない生産者は，生産性の向上や需要変化への対応ができなくなる。

　このような資金負担やリスク負担の問題を解決したのがバリューチェーンの統合である。個人の生産者と比べると規模の大きいアグリビジネスや食肉加工業者がインテグレーターとなり，これまで生産者が負担していた資金やリスクを分担して新しい技術の導入を促した。これにより生産性が向上し，

消費者が求める高い品質の農産物を提供できるようになった。インテグレーターはまた，農産物の供給形態を改善したり，加工度を高めたりしたほか，流通やフードサービスへも参入し，付加価値の高い食料の提供をめざした。

2．統合における経済主体間の調整方法

　農業部門のバリューチェーンが統合する際に経済主体は，販売契約，生産契約，垂直統合のいずれかの形態を選択する。どれを選択するかは，それぞれの農畜産物の技術的な特性のほか，産地と消費地の立地や契約の担い手となる生産者の有無などを考慮することになる。

　第1章で述べたように，一般的には，産地と消費地の距離が長い，消費者が手にする前に加工が必要，加工や流通の施設や設備の専門性が高い，などの場合に，その度合いが高ければ高いほど統合の度合いが高まる。つまり市場取引から販売契約，そして生産契約，垂直統合へと至る。米国の事例では，農産物より畜産物の方が契約栽培の割合が多い。畜産物では，まず鶏肉において市場取引から販売契約へと進み，現在では生産契約が一般的である。豚肉も鶏肉と同様の傾向がみられ，販売契約から生産契約へと移りつつある。農産物は市場取引が主流であるが，特殊な農業機械が必要な場合や，スーパーマーケットなどに対して通年で供給をする場合，そしてカットなどの加工をしてから販売する場合には契約の割合が増える。ただし，米国における農産物のバリューチェーンの統合では，販売契約が主であり，生産契約や垂直統合はほとんどない。

　本書が分析した事例でも同様の傾向がみられる。輸出青果物の場合，産地から消費地までの物理的な距離が長い。さらに保管や輸送には，それまでペルーでは普及していなかったコールドチェーンが必要であった。これらの問題を解決するために輸出青果物ビジネスに参入したアグリビジネスは，すでに存在していた缶詰用アスパラガスとはまったく別のバリューチェーンを構築した。ペルー国内において，生産・加工（パッキング）・輸出という各段階

を垂直統合したのである。それは，輸出向け需要に求められる特性をもった農産物を，アグリビジネスが既存の生産者から調達できなかったからである。

　市場国の消費者までを考慮に入れると，このバリューチェーンにおいては，ペルーのアグリビジネスと先進国のスーパーマーケットが販売契約を結んでいる。つまり，米国で一般的な青果物の生産流通業者（grower-shipper）がペルーに誕生して，生産，パッキング，流通を統合する。さらにそれを先進国のスーパーマーケットが販売契約によって統合し，青果物を調達している。

　国内市場向けのジャガイモ供給の場合には，産地と消費地の距離が短く，加工度合いが低い。また，輸出青果物と比べると加工に必要な施設や設備の特殊性が低いことから，統合の度合いは輸出青果物ほど高くなく，合意に基づく取引が中心になる。これは市場取引から統合へと進む初めの段階に位置する。

　ブロイラーの場合でも，産地と消費地の距離，加工の度合いや，それに必要な施設や設備の特殊性という要因が，バリューチェーンの統合における調整方法のあり方に大きな影響を与える。ブラジルは輸出も多く，国内市場向けには加工度の高い商品が多い。一方ペルーは，国内市場向けのみで生鳥での流通が多い。その結果，生産を担う川上，加工を担う川中，流通・販売を担う川下のうち，ブラジルは大手インテグレーターが川上から川下までを統合している。一方ペルーは，インテグレーターが統合するのは川上のみに限られ，川中以降の取引の大部分が市場取引である。加えてインテグレーターと飼育部門の関係においても調整方法が異なる。ブラジルは外部の養鶏生産者を生産契約によって統合するのに対して，ペルーはインテグレーターが自ら飼育部門をもつ垂直統合の割合が高い。このちがいは，産地と消費地の距離やインテグレーターの出自のほか，生産契約の担い手となり得る程度の資本と技術を備えた養鶏生産者の有無による。

　以上より，バリューチェーンの統合における調整方法は，需要や技術の変化に際して既存の経済主体で対応できる場合には，販売契約が中心になる。買い手の視点からも，必要な農産物がほかから買えるのであれば，資金やリ

スクの負担は軽い方が望ましい。ただし販売契約では技術革新を十分に活用できずに生産性の向上が制限される場合や，消費者の求めるような属性をもった商品がほかから買えない場合には，生産契約が必要になる。この場合には，生産契約の受け手となる，ある程度の資本や技術を備えた生産者が存在することが前提となる。輸出青果物や大規模なブロイラー生産では，このような条件を備えた生産者が存在しないことも多い。その場合には，アグリビジネスなどの経済主体が自ら生産に乗り出して，垂直統合によってバリューチェーンを統合することになる。

3．生産性向上と付加価値増大

　バリューチェーンの統合により，農業部門の生産性やそこから生み出される食料の価値はどのように変わったのだろうか。
　生産性については，ブロイラーの事例がわかりやすい。第6章のペルーの事例でみたように，ヒナが生まれて2キログラムに達するまでの日数が，1970年代の57日から1990年代末には38日にまで短縮している。飼育期間を短縮すれば，同じ鶏舎で1年間により多くのブロイラーを飼育することができる。さらに，飼育に必要な飼料の減少にもつながる。1キログラムの鶏肉を生産するのに必要な飼料の量は，1970～1980年代の2.50キログラム前後から，2000年代半ばには1.80キログラムまで減少している。
　輸出青果物の場合には，単位面積当たりの収量ではなくて，投資額に対してどれくらいの利益が上げられるかが重要になる。収穫後に短時間で品質が劣化する青果物の場合，たとえ収量が多くても，売れなければ収益は上がらない。さらに需給状況によって価格が大きく変動する。そのため，供給主導型バリューチェーンでは収益が安定せず，場合によっては損失がでることもある。そこで輸出物青果物の供給を手がけるアグリビジネスは，需要主導型バリューチェーンへと転換した。スーパーマーケットなどの実需者とあらかじめ契約を結び，需要に応じて計画的に栽培することで，安定した利益を確

保できるようになった。

　食料の価値についてここでは，生産を担う農業部門だけでなく，消費者に届けるまでの農業・食料部門全体を考慮する。そして食料がもつさまざまな付加価値について，それがどのように変わったかを考察する。

　農産物は一般に，端境期には価格が上昇する。つまり同じ農産物でも，供給する時期によって生み出す価値が異なる。輸出青果物産業は，市場国での価格が高い時期をねらって青果物を供給することで，価値の高い農産物を供給している。

　また，スーパーマーケットで販売されているジャガイモは，見た目は伝統的な小売市場で販売されているジャガイモと大きなちがいはない。しかし前者で販売されているジャガイモは，選果，洗浄，分類，包装などの処理によって，消費者が購買や調理にかける手間を減らしている。さらに，品揃えが豊富で，清潔かつ快適な店舗で買い物ができるという点でも，伝統的な小売市場で購入する場合にはない価値がついているといえる。

　ブロイラーの場合には，統合が進んでいるブラジルとそうでないペルーでは，インテグレーターが販売する商品が大きく異なる。ペルーのインテグレーターはブロイラーの大半を伝統的な小売市場に供給する。そこでは，当日の朝に処理したブロイラーが中抜きと体の形でぶら下がっている。それに対してブラジルでは，処理解体されたブロイラーが，スーパーマーケットの冷凍ショーケースで販売されていることが多い。さらにブラジルの大手インテグレーターは，輸出市場では食品製造業やフードサービスの原材料となる冷凍鶏肉を販売する一方で，国内市場ではフライドチキンやピザなど自社ブランドの加工食品を販売している。これは，ブロイラーの生産，加工，二次加工，流通を統合することで可能になった。

4．経済主体のアップグレード

　農業や食料部門のバリューチェーンに注目する GVC 研究では，先進国の

経済主体が主導してバリューチェーンを統合し，途上国の経済主体は拘束型の統治構造のなかで先進国のスーパーマーケットに依存する関係となる事例が多い。しかし本書でとりあげた事例が示すものは，途上国の経済主体でもさまざまな形でアップグレードをしており，それが農業部門の発展につながっている。

　輸出青果物の場合，生産・加工・輸出を統合したアグリビジネスは，アスパラガスだけでなくほかの青果物も輸出産品のポートフォリオに加えることで，市場国のバイヤーに対して交渉力を強めている。これは製品のアップグレードともいえる。また，市場国に自らの販売拠点を設けることで，GVCのなかで果たす機能の幅を広げている。つまり機能のアップグレードに取り組んでいる。

　国内市場向けジャガイモの事例でも，これまでは集荷と分荷の役割しか果たしていなかった卸売業者が，それに加えて集荷量や納品時期の調整のほか，選果，洗浄，包装などの機能を果たすことで，スーパーマーケットのサプライヤーとなっている。これも機能のアップグレードの最初の段階といえる。

　ブロイラーの場合，ペルーで観察できるのはおもに川上部門の統合による生産性の向上に限られる。しかしバリューチェーンの統合が進んでいるブラジルの事例をみると，市場に合わせた形態で食料を提供できるよう，さまざまな形のアップグレードを進めている。さらに国内にとどまらず，欧米の企業を買収して世界のリーディング企業となる事例もでてきている。

5．バリューチェーンの多様化

　本書は，ラテンアメリカの農業部門の発展をバリューチェーンの統合という視点から分析した。需要や技術の変化に対応して統合が進むことで，生産性が向上し，商品の付加価値が高まった。しかしこの部門の発展を継続して観察すると，バリューチェーンは統合が進むという一方向のみへと進んでいるのではないことがわかる。

たとえば輸出青果物の場合，生鮮アスパラガス輸出が増加した2000年代前半に農業生産工程管理（GAP）の認証を取得した農場はわずかであった。市場国のバイヤーが求めるGAP認証農場からのアスパラガスを調達するには，アグリビジネス自らが自社農場を設立して生産するしか方法はなかった。また自社農場を設立するにも，農場で使用するハイブリッドの種子や点滴式灌漑用の資材は，外国から直接輸入しなければならなかった。このほか，航空機への積み込みの際に途切れていたコールドチェーンを整備するために，輸出業者がお金を出し合って空港に冷蔵倉庫を建設する必要があった。

　しかし青果物輸出産業が成長して市場規模が拡大すると，青果物輸出にかかわる投入財，技術，包装資材や認証サービスの供給をビジネスとする経済主体が現れた。その結果，当初は垂直統合型のバリューチェーンを構築したアグリビジネスは，事業の一部分を外部に委託するようになった。このほか，施設をもたない生産者が，青果物をパッキングする施設やサービスをほかの事業者から調達して，自社農場で栽培した青果物を処理して輸出することも可能になっている。このように外部の資源を利用することで，中規模生産者をはじめとするより多くの経済主体が，青果物輸出産業に参入できるようになってきた。つまり産業の成長にともない，青果物輸出に適したバリューチェーンの形態が多様化している。

　本書は，これまでおもに製造業の分析に用いられてきた産業構造の変化やバリューチェーンの統合といった視点を，ペルーを中心とするラテンアメリカの農業部門の発展を分析するために応用した。その際，栽培を中心とした狭義の農業部門だけでなく，投入財の供給から消費者に対する食料の供給までを含む，広義の農業・食料部門を対象とした。多くの途上国においても輸出向けの農業や，国内の新興中間層向けの食料供給が拡大している。その発展を分析する際にバリューチェーンの統合とそれにともなう生産性の向上や付加価値の増大に注目すれば，農業部門の発展メカニズムに対する理解を深めることができる。

　　　　　　　　あ と が き

　ラテンアメリカの経済開発に関する研究を志して，1997年にアジア経済研究所に入所した。翌年，ラテンアメリカの地域研究を始めるにあたって，上司から担当国を決めるようにいわれた。コスタリカを中心とする中米諸国か，南米のペルーが選択肢として示されたので，それまでに訪れたことのなかったペルーを選んだ。

　大学院で開発経済学を学び，いかにして産業が発展するかに興味があった。製造業に興味があったものの，ペルーでは1990年代に進められた経済自由化の影響で国内の製造業が縮小していた。日系企業もすでに自動車や家電の組立から撤退していた。繊維や縫製などの輸出向け軽工業もあったが，成長しているという話は聞かなかった。鉱物資源が豊富で鉱業は盛んなことは知っていたが，鉱山はアンデス高地にあり，現場を目にする機会がなかった。

　手探りで研究テーマを探すなかで，私の関心をひいたのが「非伝統的農産物輸出」である。1980年代から，チリや中米諸国から米国や欧州諸国に向けに，生鮮の果物，野菜，切り花などの輸出が増え始めていた。1990年代半ばには，これに関する英文の研究が数多く発表されるようになり，その一部が日本でも紹介されていた。ペルーでも，伝統的な輸出農産物であるコーヒー，綿花，サトウキビにかわって，缶詰のアスパラガスやアーティチョークが，非伝統的輸出農産物として注目を集めていた。

　2000年から3年間，在外研究でリマ市に滞在したときに，海岸地域の農業地帯をみて回った。といっても，農業についてはほとんど何も知らなかった。たとえば，黄土色の畝だけが広がるホワイトアスパラガスの畑を訪れたとき，初めは何の作物を栽培しているのかがわからなかった。案内してくれた人の説明で，どうやってホワイトアスパラガスができるのかを学んだ。リマ市に近い農業地帯では，果樹や野菜の栽培のほか，その加工品の製造などもみて回ったが，その時は見聞を広める程度で終わってしまった。

　農業部門のおもしろさに気づいて，本格的に取り組みはじめたのは，もう

少しあとのことである。2006年から2年間アジア経済研究所で実施された「ラテンアメリカ新一次産品輸出経済論」研究会に参加して，以前に畑を見に行ったことがあるアスパラガスをとりあげることにした。そこで統計を調べていたら，缶詰アスパラガスと生鮮アスパラガスの輸出量の傾向が大きくちがっていることに気がついた。作物は同じなのに輸出動向が異なるのはなぜか，という疑問が出発点だった。第2章に書いたとおり，缶詰輸出と生鮮輸出では商品として求められる需要の性質が大きく異なり，それぞれに適した産業構造がちがっていたのである。調査の一環として生鮮品の輸出を手がけるアグリビジネスを訪問したが，そこでみた農業は，私が想像していたものとは大きく異なっていた。

　100ヘクタール程度の農場は珍しくない。大手になると1000ヘクタールを超える農場もある。圃場のすべてに点滴式灌漑のホースが並び，そのホースがコンピュータ制御されたポンプにつながっている。ピックアップ・トラックで圃場を回りながら，大卒の農業技術者から，アスパラガスの品種や栽培技術の話を聞いた。オフィスでは，ビジネススクールを卒業した経営者から，コールドチェーンや航空輸送などの話のほか，市場国のスーパーマーケットに直接売り込むためのマーケティング戦略の話を聞いた。そこで見聞したのは，先進国市場の消費者が求める新鮮な果物や野菜を，消費者がいる場所へ，求められるタイミングで，必要な量だけ届けるという，青果物輸出産業の姿だった。種から作物を育てて収穫するまでのいわゆる農業は，その産業の一部にすぎなかった。種子，肥料，農薬といった投入財の供給，農産物の加工やパッキング，消費者に届ける物流，消費者の嗜好を把握するとともに栽培履歴を消費者が確認する情報システムなど，さまざまな部門がお互いに調整しながら発展してきた各部門のつながりが，青果物輸出産業を形作っていることがわかった。

　こうして，「途上国の農業といえば，そのほとんどが昔ながらのやり方で，勘と経験に頼って自給作物を作っている」という私の先入観が覆された。そして，青果物輸出の拡大を，製造業を対象にするのと同じように，産業とし

あとがき　183

て分析してみようと考えたのである。青果物輸出のあとは，農畜産業のなかでも工業化が進んでいるブロイラーのほか，アルゼンチンやブラジルの穀類供給の研究にも取り組んだ。

　その過程で，農業部門を産業として分析するための手法をより深く学ぶため，2009年4月に千葉大学大学院園芸学研究科博士後期課程に進学した。ここではおもに日本国内の農業を中心としたフードシステムについて学んだ。2011年からの2年間，ふたたびペルー・リマ市で在外研究を行ったが，その際にはフードシステムの視点を生かして，青果物輸出産業やブロイラー産業の研究を深めたほか，ペルーの国内市場向けの青果物流通の研究にも取り組んだ。そしてそれらの成果を博士論文としてとりまとめた。

　本書はアジア経済研究所で2015年度に実施した「アグリフードシステムの発展とサプライチェーンの統合」研究会の成果である。この研究会では，2015年3月に千葉大学大学院園芸学研究科から学位授与された博士論文（清水 2015）を基にして，追加調査，再構成，加筆修正などを行い，研究双書としてまとめた。具体的には以下のような変更を加えた。序章と第1章は，博士論文の序章を再構成し，加筆修正したものである。第2章は清水（2007）の構成を変更し，情報を更新した。第3章は清水（2013）を基にし，清水（2016）の内容を付け加えて再構成した。この章の研究の一部は，JSPS科研費15K01906の助成を受けた。第4章はShimizu y Scott（2014）に基づいて日本語で執筆した。第5章，第6章はそれぞれ，清水（2012），清水（2010b）を基にし，一部の構成を変更したうえで，新たな調査で入手した情報を加筆した。終章は博士論文の終章を大幅に書き直した。

　本書の執筆にあたってお世話になった方々にお礼を申し上げたい。ファミリービジネス研究会やラテンアメリカ新一次産品輸出経済論研究会の主査であるアジア経済研究所の星野妙子さんからは，分析の方法から研究会の運営まで多くを学んだ。このほか，同研究所のラテンアメリカ研究グループや農業・農村研究者の皆さんからは，多くの助言をいただいた。千葉大学大学院で指導教官を引き受けていただいた斎藤修先生からは，フードシステム研究

のおもしろさを学んだだけでなく，博士論文執筆の際に最後まで励ましていただいた。現地調査の際に，農業の基礎からマーケティング戦略まで，幅広く教えていただいたペルーのアグリビジネス関係者の方々にもお礼を申し上げる。

　最後に，博士課程の履修や論文執筆のために多くの時間をとられるなかで，辛抱強く見守り続けてくれた妻のイリアナ，息子の拓海，そして，故郷の岐阜とリマの家族に感謝したい。

2016年11月

　　　　　　　　　　　　　　　　　　　　　　　　　　　　　　　　著者

〔参考文献〕

<日本語文献>
吾郷健二 2010.『農産物貿易自由化で発展途上国はどうなるか』明石書店.
石井章 2008.『ラテンアメリカ農地改革論』学術出版会.
井原久光 2008.『テキスト経営学』(第3版) ミネルヴァ書房.
植木靖 2007.「ブラジル養鶏産業の成長と地理的展開」星野妙子編『ラテンアメリカ新一次産品輸出経済論』アジア経済研究所 73-100.
宇佐見耕一 1993.「一次産品輸出経済」小池洋一・西島章次編『ラテンアメリカの経済』新評論 41-63.
大江徹男 2002.『アメリカ食肉産業と新世代農協』日本経済評論社.
北野浩一 2010.「チリのブロイラー産業における所有型インテグレーションの形成」『アジア経済』51(10) 10月 62-85.
九州経済調査協会 1997.『ブロイラー産業の実態と将来展望』九州経済調査協会.
黒崎利夫 1998.「中米の非伝統農産物輸出」『ラテンアメリカ・レポート』15(1) 3月 13-21.
駒井亨 1997.『アグリビジネス論』養賢堂.
─── 2007.「鶏肉の生産,処理加工および流通の現状」『畜産の情報』(国内編) 9月.
斎藤修 1997.「アメリカにおける畜産業の契約:インテグレーションと主体間関係」『フードシステム研究』4(2) 48-61.
─── 2011.『農商工連携の戦略─連携の深化によるフードシステムの革新─』農山漁村文化協会.
斎藤修・長谷川量平 2008.『国産鶏肉競争力強化総合対策事業:輸入鶏肉の利用状況等動向調査』日本食鳥協会.
佐藤和憲 2011.「1990年代アメリカにおける青果産業の構造変化」『フードシステム研究』17(4) 3月 283-294.
清水達也 2007.「ペルーのアスパラガス輸出拡大の要因──供給構造の転換から──」星野妙子編『ラテンアメリカ新一次産品輸出経済論』アジア経済研究所 145-181.
─── 2008a.「ペルーの養鶏インテグレーション」星野妙子編『ラテンアメリカの養鶏インテグレーション』アジア経済研究所 81-102.
─── 2008b.「ペルーにおける養鶏産業の発展」『ラテンアメリカ・レポート』25(2) 11月 67-78.
─── 2010a.「市場構造の変化と産業組織─ラテンアメリカのブロイラーインテ

グレーションの事例：特集にあたって」『アジア経済』51（10） 10月 2-9.
―― 2010b.「ペルーのブロイラーインテグレーション形成における統合の範囲と主体」『アジア経済』5（10） 10月 38-61.
―― 2012.「ブロイラー・インテグレーションの範囲と拡大過程―ラテンアメリカの事例―」『フードシステム研究』19（1） 6月 12-25.
―― 2013.「ペルーの生鮮果物・野菜輸出の拡大と植物検疫」『ラテン・アメリカ論集』（47） 25-42.
―― 2015.「アグリフードシステムの発展とインテグレーション形成に関する研究―ラテンアメリカのケーススタディ―」博士論文 千葉大学.
―― 2016.「ラテンアメリカにおける青果物のインテグレーションと輸出戦略」斎藤修編『フードシステム革新のニューウェーブ』日本経済評論社 179-194.
末廣昭 1987.「タイにおけるアグリビジネスの展開―飼料・ブロイラー産業の6大グループ―」滝沢勉編『東南アジアの農業技術変革と農村社会』アジア経済研究所 275-321.
杉山道雄 1989.『養鶏経営の展開と垂直的統合：アメリカ養鶏産業の研究』明文書房.
―― 2001.「農業資材市場の国際化と農業支配―飼料＝畜産インテグレーションの新展開―」中野一新・杉山道雄編『グローバリゼーションと国際農業市場』筑波書房 131-149.
―― 2002.「インテグレーション論の展開とフードシステム研究」高橋正郎・斎藤修編『フードシステム学の理論と体系』農林統計協会 69-84.
高橋正郎・斎藤修編 2002.『フードシステム学の理論と体系』農林統計協会.
谷洋之 1997.「農業部門における自由化の功罪―『政府の失敗』の除去から政府の新たな役割の模索へ―」小池洋一・西島章次編『市場と政府：ラテンアメリカの新たな開発枠組み』アジア経済研究所 195-224.
―― 2008.「NAFTAを逆手に取る―メキシコ・ハリスコ州におけるトウモロコシ・トマト生産の事例から」谷洋之・リンダ・グローブ編『トランスナショナル・ネットワークの生成と変容：生産・流通・消費』上智大学出版 28-63.
―― 2011.「農業と一次産品輸出」西島章次・小池洋一編『現代ラテンアメリカ経済論』ミネルヴァ書房 133-153.
玉井明雄・浅木仁志 2000.「ブラジル鶏肉産業の概要」『畜産の情報』8月（http://lin.alic.go.jp/alic/month/fore/2000/aug/rep-sa.htm）.
中央畜産会 1999.『畜産行政史―戦後半世紀の歩み―』中央畜産会.
張秋柳・齋藤修・櫻井清一 2003.「鶏肉産業のインテグレーションをめぐる主体間関係」『千葉大学園芸学報』57 59-66.

張秋柳 2006.「インテグレーションをめぐる垂直的主体間関係と経営戦略：鶏肉産業を中心として」博士論文　千葉大学.
張秋柳・斎藤修 2006.「インテグレーションをめぐる垂直的主体間関係と経営戦略—鶏肉産業を中心として—」『フードシステム研究』12（3）　2-12.
豊田隆 2001.『アグリビジネスの国際開発—農産物貿易と多国籍企業』農山漁村文化協会.
長坂政信 1993.『アグリビジネスの地域展開—ブロイラー産業の産地比較—』古今書院.
中嶋康博 2002.「フードシステムの産業組織論分析」高橋正郎・斎藤修編『フードシステム学の理論と体系』農林統計協会　53-68.
中西三紀 2007.「グローバリゼーションとチリ農業」中野一新・岡田知弘編『グローバリゼーションと世界の農業』大月書店　139-158.
中野一新編 1998.『アグリビジネス論』有斐閣.
農山漁村文化協会 2004.『野菜園芸大百科　アスパラガス』第2版　農山漁村文化協会.
農林水産省 2008.『平成19年食鳥流通統計調査結果の概要』(http://www.maff.go.jp/j/tokei/index.html).
浜口伸明 1988.「ブラジルのブロイラー産業」『アジア経済』29（9）　9月　56-66.
フリードランド・ウイリアム・H 1999.「新たなグローバル化：生鮮農産物の場合」アレッサンドロ・ボナンノほか編『農業と食料のグローバル化：コロンブスからコナグラへ』筑波書房　289-317.
星野和久・石井清栄 2010.「ブラジル鶏肉産業の現状と今後の見通しについて」『畜産の情報』3月（http://lin.alic.go.jp/alic/month/domefore/2010/mar/gravure02.htm）.
星野妙子編 2007.『ラテンアメリカ新一次産品輸出経済論』アジア経済研究所.
星野妙子 2010.「メキシコのブロイラーインテグレーション—進化と形態の規定要因—」『アジア経済』51（10）　10-37.
村瀬幸代 2008.「グローバル化時代における地域ブランド創出の試み」谷洋之・リンダ・グローブ編『トランスナショナル・ネットワークの生成と変容』上智大学出版　64-95.
湯川摂子 1999.『ラテンアメリカ経済論』中央経済社.
吉田忠 1974.『畜産経済の流通構造』ミネルヴァ書房.
―――― 1980.「ブロイラーインテグレーションにおける地域農業と農業経営—共同利用施設を中心に—」吉田忠編『地域農業と農業経営』明文書房　154-172.

＜外国語文献＞

AGAP (Asociación de Gremios Productores Agrarios del Perú) y Apoyo Consultoría. 2015. "Contribución e impactos de la agricultura moderna al desarrollo del Perú." Lima: AGAP y Apoyo Consultoría.

Agosin, Manuel R. and Claudio Bravo-Ortega. 2009. "The Emergence of New Successful Export Activities in Latin America: The Case of Chile." Inter-American Development Bank, Research Network Working Paper; R-552. (http://www.iadb.org/en/research-and-data/publication-details,3169.html?pub_id=r-552).

Alarcón, Jorge. 1994. "Comercialización de papa para consumo: el caso del eje Valle del Mantaro – Lima Metropolitana." En *Comercialización agrícola en el Perú*, editado por Javier Escobal. Lima: GRADE; AID.

Alarcón, Jorge y Miguel Ordinola. 2002. *Mercado de productos agropecuarios: teoría y aplicaciones al caso peruano*. Lima: CARE, UNALM, PRISMA.

Allen, Douglas W. and Dean Lueck. 2002. *The Nature of the Farm: Contracts, Risk, and Organization in Agriculture*. Cambridge: The MIT Press.

Balsevich, Fernando, Julio A. Berdegué, Luis Flores, Denise Mainville and Thomas Reardon. 2003. "Supermarkets and Produce Quality and Safety Standards in Latin America." *American Journal of Agricultural Economics* 85 (5) December: 1147-1154.

Barham, Bradford, Mary Clark, Elizabeth Katz and Rachel Schurman. 1992. "Nontraditional Agricultural Exports in Latin America." *Latin American Research Review* 27 (2): 43-82.

Bernet, Thomas, Martín Lara, Pedro Urday y André Devaus. 2002. "El reto de vincular a los pequeños productores de papa con la agroindustria." *Revista Latinoamericana de la Papa* 13 (1): 1-23.

Bernet, Thomas, Oscar Delgado y Mario Sevilla. 2008. "Centros de acopio de papa: factibilidad de promover e implementar este concepto en la sierra peruana." Lima: CAPAC Perú.

Boehlje, Michael, and Lee F. Schrader. 1998. "The Industrialization of Agriculture: Questions of Coordination." In *The industrialization of agriculture: vertical coordination in the U.S. food system*, edited by J.S. Royer and R.T. Rogers. Burlington: Ashgate, 3-26.

BRF. 2014. "Annurual and Sustainability Report 2014." (http://ir.brf-global.com/).

Cabrera, Ana María. 2012. "La cadena productiva de la papa en el Perú." Presentación preparada para el XXV Congreso de la Asociación Latinoamericana de la Papa, 17-20 de septiembre en Uberlândia, Minas Gerais, Brasil.

Casaburi, Gabriel G. 1999. *Dynamic Agroindustrial Clusters: The Political Economy of*

Competitive Sectors in Argentina and Chile. New York: St. Martin's Press.
CEPES. 2010. "Desarrollo de la metodología de encuestas de márgenes y canales de comercio y su implementación en siete cadenas productivas agropecuarias. Producto 14: Informe de la cadena de PAPA, Programa de Servicios de Apoyo para Acceder a los Mercados Rurales (PROSAAMER) para la Oficina de Estudios Económicos y Estadísticos del Ministerio de Agricultura." Lima: Centro Peruano de Estudios Sociales.
Conroy, Michael E., Douglas L. Murray, and Peter M. Rosset. 1996. *A Cautionary Tale: Failed U.S. Development Policy in Central America*. Boulder: Lynne Rienner Publishers.
de Althaus, Jaime. 2007. *La revolución capitalista en el Perú*. Lima: Fondo de Cultura Económica.
Devaux, André, Miguel Ordinola, Albéric Hibon y Rubén Flores. 2010. *El sector papa en la región andina: Diagnóstico y elementos para una visión estratégica (Bolivia, Ecuador y Perú)*. Lima: Centro Internacional de Papa.
Díaz Rios, Luz. 2007. "Agro-industries Characterization and Appraisal: Asparagus in Peru." Agricultural management, marketing and finance working document. Food and Agriculture Organization (http://www.fao.org/docrep/016/ap297e/ap297e.pdf).
Dolan, Catherine and John Humphrey. 2000. "Governance and Trade in Fresh Vegetables: The Impact of UK Supermarkets on the African Horticulture Industry." *Journal of Development Studies* 37 (2) : 147-176.
―――. 2004. "Changing Governance Patterns in the Trade in Fresh Vegetables between Africa and the United Kingdom." *Environment and Planning A* 36 (3) March: 491-509.
Dowswell, Christopher.R., R. L. Paliwal and Ronald P. Cantrell. 1996. *Maize in the Third World*. Boulder: Westview Press.
Elías Minaya, José F. 1995. *Los campesinos y la agro industria del espárrago en el valle de Virú*. Trujillo: Universidad Nacional de Trujillo.
Escobal, Javier ed. 1994. *Comercialización agrícola en el Perú*. Lima: GRADE, AID.
Escobal, Javier and Denice Cavero. 2012. "Transaction costs, institutional arrangements and inequality outcomes: potato marketing by small producers in rural Peru." *World Development* 40 (2) February: 329-341.
Fairbanks, Michael and Stace Lindsay. 1997. *Plowing the Sea: Nurturing the Hidden Sources of Growth in Developing World*. Boston: Harvard Business School Press.
Fernández-Baca, Jorge, Carlos Parodi Zevallos y Fabián Tume Torres. 1983. *Agroindustria y transnacionales en el Perú*. Lima: DESCO.

Garcia Vega, Emilio. 2011. *Una aproximación al retail moderno.* Lima: Universidad del Pacífico.

Gereffi, Gary and Miguel Korzeniewicz. 1994. *Commodity Chains and Global Capitalism.* Westport: Greenwood Press.

Gereffi, Gary, John Humphrey, Raphael Kaplinsky and Timothy J. Sturgeon. 2001. "Introduction: Globalisation, Value Chains and Development." *IDS Bulletin* 32 (3) : 1-8.

Gereffi, Gary, John Humphrey and Timothy Sturgeon. 2005. "The Governance of Global Value Chain." *Review of International Political Economy* 12 (1) : 78-104.

Ghezán, Graciela, Mónica Mateos and Laura Viteri. 2002. "Impact of Supermarkets and Fast-Food Chains on Horticulture Supply Chains in Argentina." *Development Policy Review* 20 (4) September: 389-408.

Giuliani, Elsa, Carlo Pietrobelli and Roberta Rabelloti. 2005. "Upgrading in Global Value Chains: Lessons from Latin America Clusters." *World Development* 33 (4) April: 549-573.

Gómez, Rosario. 2001. "Peruvian Export Agribusiness Sector: Lessons from Asparagus Exports." In Modernization of Agriculture in Peru in the 1990s. edited by T. Shimizu. Latin American Studies Series No. 1, Chiba: IDE-JETRO, 40-74.

Hayenga, Marvin, Ted Schroeder, John Lawrence, Dermot Hayes, Tomislav Vukina, Clement Ward, and Wayne Purcell. 2000. "Meat Packer Vertical Integration and Contract Linkages in the Beef and Pork Industries: An Economic Perspective." American Meat Institute.

Henson, Spencer and Rupert Loader. 2001. "Barriers to Agricultural Exports from Developing Countries: The Role of Sanitary and Phytosanitary Requirements." *World Development* 29 (1) January: 85-102.

Horton, Douglas and Katia Samanamud. 2013. "Peru's Native Potato Revolution." Papa Andina Innovation Brief 2. Lima: International Potato Center.

Huamán, Martha. 1999. "Competitividad de la pequeña agricultura en una economía de mercado." En *Perú: el problema agrario en debate SEPIA VII*, editado por V. Ágreda, A. Diez y M. Glave. Lima: ITDG-Perú.

Humphrey, John. 2007. "The Supermarket Revolution in Developing Countries: Tidal Wave or Tough Competitive Struggle?" *Journal of Economic Geography* 7 (1) July: 433-450.

IBGE (Instituto Brasileiro de Geografia e Estatística). 2011. *Censo Agropecuário 2006: Brasil, Grandes Regiões e Unidades da Federação, Segunda apuração.* Rio de Janeiro: IBGE.

IICA. s/f. "Caracterización y análisis parcial de la cadena agroindustrial del espárrago en

el Perú." Lima: IICA (Instituto Interamericano de Cooperación para la Agricultura).
——— 2004. "Mejorando la competitividad y el acceso a los mercados de exportaciones agrícolas por medio del desarrollo y aplicación de normas de inocuidad y calidad: El ejemplo del espárrago peruano." Lima: IICA.
Industria Avícola. varios números. (http://www.industriaavicola-digital.com).
Industria Bachoco. 2014. Form 20-F (bachoco.com.mx).
INEI (Instituto Nacional de Estadística e Informática). varios años. *Compendio estadístico.* Lima: INEI.
——— 2013. *IV Censo Nacional Agropecuario 2012: resultados definitivos.* Lima: INEI.
Instituto Cuánto. varios años. *Perú en números.* Lima: Instituto Cuánto.
Ipsos Apoyo Opinión y Mercado. 2015. "Perfil del ama de casa: Lima Metropolitana 2015." Lima: Ipsos Apoyo Opinión y Mercado.
Kay, Christóbal. 2000. "Latin America's Transformation: Peasantization and Proletarianization." In *Disappearing Peasantries? Rural labor in Africa, Asia and Latin America,* edited by D. Bryceson, C. Kay and J. Mooji. London: Intermediate Technology Publications, 123-138.
Key, Nigel and William McBride. 2007. "The changing economics of U.S. hog production." Economic Research Report No. 52. Washington, D.C.: United States Department of Agriculture.
King, Robert P., Michael Boehlje, Michael L. Cook and Steven T. Sonka. 2010. "Agribusiness economics and management." *American Journal of Agricultural Economics* 92 (2) April: 554-570.
Knoeber, Charles R. 1989. "A Real Game of Chicken: Contracts, Tournaments, and the Production of Broilers." *Journal of Law, Economics, & Organization* 5 (2) Fall: 271-292.
Korzeniewicz, Roberto P, Walter Goldfrank and Miguel E. Korzeniewicz. 1995. "Vines and Wines in the World-Economy." In *Food and agrarian orders in the world economy,* edited by Philip McMichael. Westport: Greenwood Press, 113-138.
Landeras Rodríguez, Humberto M. 2004. *Así se hizo CHAVIMOCHIC.* Trujillo: Ediciones Carolina.
Lasley, Floyd A. 1983. "The U.S. Poultry Industry: Changing Economics and Structure." Agricultural Economic Report No. 502. Washington, D.C.: United States Department of Agriculture, Economic Research Service.
Lau, Miguel. 2008. "Papas lavadas, seleccionadas y empacadas: La experiencia de autoservicios WONG." Presentación en el Primer Congreso Nacional de la Papa. Huancayo (https://www.minag.gob.pe/portal/download/pdf/especiales/congreso_

papa/21052008/02_congreso_papa_miguel_lau.pdf).

Llambi, Luis. 1994. "Comparative Advantages and Disadvantages in Latin American Nontraditional Fruit and Vegetable Exports." In *The Global restructuring of agrofood systems*, edited by Philip McMichael. Ithaca: Cornell University Press.

MacDonald, James, Janet Perry, Mary Ahearn, David E. Banker, William Chambers, Carolyn Dimitri, Nigel Key, and Kenneth Nelson. 2004. "Contracts, Markets, and Prices: Organizing the Production and Use of Agricultural Commodities." Agricultural Economic Report No. 837. Washington, D.C.: United States Department of Agriculture.

MacDonald, James M. and Penni Korb. 2011. "Agricultural Contracting Update: Contracts in 2008." Economic Information Bulletin No. 72. Washington, D.C.: United States Department of Agriculture.

Marañón, Boris. 1993. "Obreros en la industria esparraguera: Valles de Chao-Virú e Ica." *Debate Agrario*, No. 17, 27-52.

Martinez, Steve W. 1999. "Vertical coordination in the pork and broiler industries: implications for pork and chicken products." Agricultural Economic Report No. 777. Washington, D.C.: United States Department of Agriculture.

——— 2002. "Vertical Coordination of Marketing Systems: Lessons From the Poultry, Egg, and Pork Industries." Agricultural Economic Report No. 807. Washington, D.C.: United States Department of Agriculture.

Meinzen-Dick, Ruth, André Deveaux and Ivonne Antezana. 2009. "Underground Assets: Potato Biodiversity to Improve the Livelihoods of the Poor." *International Journal of Agricultural Sustainability* 7 (4) : 235-248.

MINAG (Ministerio de Agricultura). s/f. "Realidad y problemática del sector pecuario: Aves." (http:// http://minagri.gob.pe/portal/objetivos/38-sector-agrario/pecuaria/290-situacion-de-las-actividades-de-crianza-y-produccion).

——— 1992. *1er compendio estadístico agrario 1950-1990*, Lima: Oficina de Estadísticas Agrarias, Ministerio de Agricultura.

——— 1995. *La horticultura en el Perú 1974-1994*. Lima: Oficina de Información Agraria, Ministerio de Agricultura.

——— 1996. *Industria avícola y desafíos para el quinquenio 1996-2000*. Lima: Ministerio de Agricultura.

——— 1999a. *1er Censo Nacional de Productores y Plantas Procesadoras de Espárrago 1998*. Lima: Oficina de Información Agraria, Ministerio de Agricultura.

——— 1999b. *Industria avícola 2000*. Lima: Ministerio de Agricultura.

——— 2000. *Producción pecuaria e industria avícola 1999*. Lima: Ministerio de Agricultura.

―――― 2001. *Censo nacional de unidades especializadas de producción pecuaria intensiva (UEPPI) 2000.* Lima: Ministerio de Agricultura.

―――― 2003. *Plan estratégico de la cadena productiva de maíz amarillo duro – avícola, porcícola.* Lima: Ministerio de Agricultura.

―――― 2007. *Perú: Compendio estadístico agrario 1994-2005.* Lima: Ministerio de Agricultura.

―――― 2008. *Producción pecuaria e industria avícola 2007.* Lima: Ministerio de Agricultura.

―――― 2013. *Producción pecuaria e industria avícola 2013.* Lima: Ministerio de Agricultura.

MINAGRI (Ministerio de Aglicultura y Riego). 2014. *Producción pecuaria e industria avícola 2013.* Lima: Ministerio de Agricultura y Riego.

―――― 2015. *Producción pecuaria y avícola 2014.* Lima: Ministerio de Agricultura y Riego.

Miyashiro, Isabel. 2007. "Nikkeijin Kigyo: A Study on a Japanese Descendant Company." Doctoral thesis, Graduate School of Business Administration, Kobe University.

Murray, Douglas L. 1994. *Cultivating Crisis: The Human Cost of Pesticides in Latin America.* Austin: University of Texas Press.

O'Brien, Tim M. y Alejandra Díaz Rodríguez. 2004. "Mejorando la competitividad y el acceso a los mercados de exportaciones agrícolas por medio del desarrollo y aplicación de normas de inocuidad y calidad: El ejemplo del espárrago Peruano." Instituto Interamericano de Cooperación para la Agricultura (http://infoagro.net/programas/Sanidad/pages/casos/capacitacion/esparrago_peru.pdf).

Orden, David and Donna Roberts. 1997. "Determinants of Technical Barriers to Trade: The Case of US Phytosanitary Restrictions on Mexican Avocados, 1972-1995." In Understanding Technical Barriers to Agricultural Trade: Proceedings of a Conference of the International Agricultural Trade Research Consortium, edited by D. Orden and D. Roberts. (http://ageconsearch.umn.edu/bitstream/50709/2/RobertsDonna.pdf).

Orden, David and Everett Peterson. 2006. "Science, Opportunity, Traceability, Persistence and Political Will: Necessary Elements of Opening the U.S. Market to Avocados from Mexico." In *New Frontiers in Environmental and Social Labeling,* edited by U. Grote, A.K. Basu, and N. Chau. New York: Springer, 133-150.

Pederson, Jay P. ed. 2003. *International Directory of Company Histories,* Volume 52. Farmington Hills: St. James Press.

―――― 2004. *International Directory of Company Histories,* Volume 59. Farmington

Hills: St. James Press.

Porter, Michael. 1985. *Competitive Advantage: creating and sustaining superior performance*. New York: Free Press.

Proexpansión. 2011. *Cambios del sector papa en el Perú en la última década: los aportes del proyecto innovación y competitividad de la papa (INCOPA)*. Lima: Centro Internacional de la Papa.

Proyecto Especial Chavimochic (http://www.chavimochic.gob.pe/).

Reardon, Thomas y Julio A. Berdegué. 2002. "La rápida expansión de los supermercados en América Latina: desafíos y oportunidades para el desarrollo." *Economía* 25 (49) junio: 87-119.

Reardon, Thomas and Julio Berdegué. 2002. "The Rapid Rise of Supermarkets in Latin America: Challenges and Opportunities for Development." *Development Policy Review* 20 (4) September: 371-388.

Reardon, Thomas, Peter Timmer, Christopher Barrett and Julio Berdegué. 2003. "The Rise of Supermarkets in Africa, Asia, and Latin America." *American Journal of Agricultural Economics* 85 (5) December: 1140-1146.

Reardon, Thomas and Peter Timmer. 2007. "Transformation of markets for agricultural output in developing countries since 1950: how has thinking changed?" In *Handbook of Agricultural Economics, Vol. 3*, edited by Robert Evenson and Prabhu Pingali. Amsterdam: North Holland, 2807-2855.

Roberts, Donna, and Barry Krissoff. 2004. "Regulatory Barriers in International Horticultural Markets." Washington, D.C.: United States Department of Agriculture Economic Research Service.

Roy, Ewell Paul. 1963. *Contract farming, U.S.A.* Danville: The Interstate Printers & Publishers.

Scott, Gregory J. 1985. *Markets, Myths, and Middlemen: A Study of Potato Marketing in Central Peru*. Lima: International Potato Center.

——— 2011. "Tendencias cruzadas: El consumo y utilización de la papa en América Latina entre 1961 y 2007 y sus implicancias para la industria." *Revista Latinoamericana de la Papa* 16 (1): 1-38.

Scott, Gregory J. and Fernando Zelada. 2011. "Benchmarking Local Potato Processing in Developing Countries: The Case of French Fries in Lima, Peru." *Potato Research* 54 (1) March: 29-44.

SENASA. s/f. *20 años de seguridad alimentaria*. Lima: Servicio Nacional de Sanidad Agraria.

Shepherd, Andrew W. 2005. "The implications of supermarket development for horticultural farmers and traditional marketing systems in Asia." Revised version of paper first presented to the FAO/AFMA/FAMA Regional Workshop on the Growth of the Supermarkets as Retailers of Fresh Produce, Kuala Lumpur, October 4-7, 2004.

Shimizu, Tatuya and Gregory J. Scott. 2014. "Chicken by the Sea: The Differential Impact of Ecology and Socio-Economics on the Evolution of Value Chains for Chicken in Japan and Peru." *Journal of World's Poultry Research* 4 (2) June: 37-47.

Shimizu, Tatuya y Gregory J. Scott. 2014. "Los supermercados y cambios en la cadena productiva para la papa en el Perú." *Revista Latinoamericana de la Papa* 18 (1) mayo: 77-104.

Thiesenhusen, William, C. 1995. *Broken promises: agrarian reform and the Latin American campesino.* Boulder: Westview Press.

Thrupp, Lori Ann, Gilles Bergeron and William F. Waters. 1995. *Bittersweet Harvests for Global Supermarkets: Challenges in Latin America's Agricultural Export Boom.* Washington, D.C.: World Resources Institute.

Tollens, Eric. 1997. "Wholesale markets in African cities: Diagnosis, role, advantages, and elements for further study and development." Rome: FAO.

Tume Torres, Fabián. 1978. "El desarrollo de la industria avícola en el Perú y sus implicancias económicas y sociales 1972-1976." Lima: Ministerio de Agricultura y Alimentación.

―――― 1981. "El complejo sectorial avícola." En *Alimentos y transnacionales*, editado por F. González Vigil, C. Parodi Zevallos, F. Tume Torres, Segunda edición. Lima: DESCO.

Tyson de México (http://www.tyson.com.mx/).

USDA (United States Department of Agriculture). 2003. "China, Peoples Republic of: Asparagus Situation 2003." Global Agricultural Information Network (GAIN) Report, United States Department of Agriculture, Foreign Agricultural Service (USDA FAS).

―――― 2005a. "China, Peoples Republic of: Asparagus Annual 2003." GAIN Report, USDA FAS.

―――― 2005b. *Vegetables and Melons Situation and Outlook Yearbook.* United States Department of Agriculture, Economic Research Service.

―――― 2010 "Argentina: Retail Food Sector." GAIN Report, USDA FAS.

―――― 2012. "Brazil: Retail Foods." GAIN Report, USDA FAS.

―――― 2014a. "Chile: Retail Foods." GAIN Report, USDA FAS.

―――― 2014b. "Mexico Retail Sector Report CY2014." GAIN Report, USDA FAS.

―――― 2014c. "Peru: Retail Foods, Peruvian Supermarket Expansion Boosts U.S. Export Opportunities." GAIN Report, USDA FAS.

―――. 2015a. "Colombia: Retail Food Sector." GAIN Report, USDA FAS.
―――. 2015b. "Peru: Retail Foods." GAIN Report, USDA FAS.
Vukina, Tomislav. 2001. "Vertical Integration and Contracting in the U.S. Poultry Sector." *Journal of Food Distribution Research* 32 (2) July: 29–38.
Ward, Clement E. 1997. "Vertical Integration Comparison: Beef, Pork, and Poultry." Department of Agricultural Economics, Oklahoma State University, a paper submitted to the Western Agricultural Economics Association.
Webb, Richard. 2013. *Conexión y despegue rural*. Lima: Universidad de San Martín de Porres.

＜統計データベース＞

Banco Central de Reserva del Perú（http://www.bcrp.gob.pe/estadisticas.html）ペルー中央銀行統計データ.
FAOSTAT Data（http://faostat.fao.org/）国連農業食糧機関（FAO）データベース.
INEI Series Nacionales（http://webinei.inei.gob.pe:8080/sirtod-series/）ペルー統計局（INEI）データベース.
MINAG SHPA (Series Históricas de Producción Agrícola)（http://frenteweb.minag.gob.pe/sisca/）ペルー農業省農業生産データベース.
MINAG SISAP (Sistema de Abastecimientos y Precios)（http://sistemas.minag.gob.pe/sisap/portal/）ペルー農業省供給価格データベース.
UN Comtrade, United Nations Statistics Division（http://comtrade.un.org/）国連貿易データベース.
United States International Trade Commission, Interactive Tariff and Trade DataWeb.（https://dataweb.usitc.gov/）米国国際貿易委員会関税貿易データベース.
World Bank, World Development Indicators（http://databank.worldbank.org/data/reports.aspx?source=world-development-indicators）世界銀行世界開発指標データベース.

索 引

【アルファベット】

Agrokasa → アグロカサ社
APHIS → 農務省動植物検疫局
BRF 120, 122, 136
Camposol → カンポソル社
Cash market → 現金市場
ENCI → 農業投入財流通公社
FAO → 国連食糧農業機関
FAOSTAT 11, 35, 96, 119, 168
GAP → 農業生産工程管理
Grower-shipper → 生産流通業者
HACCP 53, 54, 60
Industria Bachoco → バチョコ社
JBS 120, 124, 141
Marketing contract → 販売契約
Market-specific contract → 販売契約
Perdigão → ペルジゴン社
Pilgrim's Pride de México → ピルグリムズ・プライド社
Production contract → 生産契約
Resource-providing contract → 生産契約
Sadia → サジア社
San Fernando → サンフェルナンド社
SENASA → 国立農業衛生機構
Spot market → スポット市場
TALSA → タルサ社
Tyson de México → タイソン社
USAID → 米国国際開発庁
USDA → 米国農務省
Vertical integration → 垂直（的）統合

【あ行】

アグリビジネス 13, 32, 35, 42, 50, 66, 173, 176
アグロカサ社（Agrokasa） 68, 84
アスパラガス
　缶詰―― 13, 35, 38, 41, 52, 55, 58, 67
　グリーン―― 34, 41, 50, 68
　生鮮―― 13, 34, 41, 50, 58, 62, 66, 75, 82, 179
　ホワイト―― 34, 38, 51, 67
アップグレード 13, 22, 177
　機能の―― 24, 178
　工程の―― 24
　部門を超えた―― 24
アボカド 14, 62, 64, 67, 71, 76, 80, 85
アメリカ合衆国 → 米国
安定供給 51, 57, 99, 149
アンデス高地（シエラ） 8, 12, 88, 89, 97, 102, 105
アンデス特恵関税措置 38, 59
育成率 116
委託販売 44, 52, 56
一次産品輸出経済論 4, 5
遺伝子組み換え作物 27
インテグレーション 21
　→バリューチェーンの統合も参照
　ブロイラー―― 112, 113, 118, 120, 135, 145, 159
インテグレーター 21, 29, 116, 120, 128, 134, 141, 144, 153, 173
衛生管理 112, 119, 134, 155, 165
オールインオールアウト 119, 140
卸売業者 92, 99, 101, 104, 107, 131, 157, 178
　産地―― 92, 102
卸売市場 4, 19, 21, 92, 98, 108, 173
　リマ中央―― 88, 92, 97, 101, 104, 107

【か行】

海岸地域（コスタ） 8, 12, 39, 41, 64, 70, 89, 91, 160, 163
海上輸送 53, 72
階層型（hierarchy） 20, 23
外部調達 39, 44, 46
カウンターシーズン → 端境期
関係型（relational） 20, 23
缶詰加工企業 41, 46, 53, 54
カンポソル社（Camposol） 66, 84
技術（の）移転 6, 24, 25, 36
規模の経済 29, 46, 49

牛肉　28, 30, 112, 144, 146
業界団体　79, 127
供給主導型　172, 176
グローバル
　——コモディティチェーン　32
　——バリューチェーン　13, 18, 21, 32, 172
経済自由化改革　5, 41, 118, 151, 155
鶏肉　11, 14, 21, 28, 96, 112, 118, 144, 174, 176
　→ブロイラーも参照
　——商　115, 127, 131
契約
　——栽培　102, 174
　——生産　28, 105, 134
　生産——　19, 26, 32, 116, 120, 123, 132, 135, 145, 174
　販売——　19, 20, 23, 26, 32, 53, 115, 174
鶏卵　28, 29
検疫機関　7, 72, 84
現金市場　19, 98, 100, 118, 173
現金取引　19, 52, 99, 102, 136
　→スポット市場も参照
原種鶏農場　128, 132, 150, 152
現代農業　10
合意　19, 21, 24, 57, 100, 109, 158, 173, 175
航空輸送　53, 72
拘束型（captive）　20, 23, 178
小売市場　95, 98, 107, 127, 131, 136, 155, 157, 163, 169
コールドチェーン　36, 50, 55, 160, 174, 179
国立農業衛生機構（SENASA）　72, 76, 81, 155, 265
国連食糧農業機関（FAO）　35, 168
コッブ（Cobb）　114, 122, 148, 150, 153
コメ　11, 89, 95

【さ行】

最低保証価格　26
栽培管理の標準化　46, 49, 53

サジア社（Sadia）　122
サプライヤー　14, 93, 97, 100, 104, 178
サンフェルナンド社（San Fernando）　132, 141, 150
資金負担　24, 26, 116, 173
自社農場　27, 43, 46, 50, 117, 134, 144, 179
市場型（market）　20, 23
市場取引　19, 23, 25, 115, 174
システム・アリマンテール　32
実需者　20, 176
資本財　148, 151
　固定——　26, 173
　流動——　26, 27, 173
ジャガイモ　11, 84, 88, 102, 105, 175, 177, 178
種鶏農場　114, 128, 148
需要主導型　172, 176
消費者の嗜好　24, 27, 88, 117, 167, 173
食鳥検査　156, 165
食肉加工業者　30, 31, 116, 159, 173
食品の安全　27, 36, 54
植物検疫　14, 62, 72, 81
　——プロトコル　73, 81, 83
所有統合　20, 27
　→垂直（的）統合も参照
処理解体場（施設）　29, 112, 122, 132, 154, 158, 165
処理場　114, 116, 150, 156, 162
飼料製造企業　148
飼料転換率　116, 119, 140
新興中間層　11, 173, 179
垂直（的）統合　19, 23, 26, 27, 31, 117, 174
スーパーマーケット　8, 21, 31, 51, 88, 97, 117, 136, 158, 163, 174
スペイン　35, 39
スポット市場　19, 20, 24
青果物輸出　6, 10, 34, 55, 58, 62, 179
生産
　——流通業者（grower-shipper）　31, 175
　——履歴　27, 55, 58, 118
　→履歴管理も参照

生産者協会　42, 72, 78
生産性向上　6, 8, 176
生鳥　114, 127, 145, 154, 175
　　──集積センター　131, 155, 162
セラード　121
総合的病害虫管理　49

【た行】

大規模生産者　30, 92, 102
大規模土地所有　→　ラティフンディオ
大豆　122, 123, 149
　　──粕　114, 149, 151
タイソン社（Tyson de México）　125, 128, 130
タルサ社（TALSA）　67, 84
畜産物　19, 28, 30, 112, 174
チャビモチックプロジェクト　59
中米諸国　6
調整方法　19, 115, 174
直接販売　52, 57, 102
チリ　6, 8, 36, 59, 62, 75, 88
追跡可能性　→　トレーサビリティ
通年供給　38
点滴式灌漑　41, 46, 57, 67, 71, 179
統治構造　22, 178
動物性タンパク質　144, 149
取引特殊投資　24, 25, 30, 32, 173
取引費用　24
トルヒーヨ市　39, 43, 152, 160
トレーサビリティ　27, 54, 58

【な行】

中抜きと体　114, 131, 139, 154, 164, 167, 177
二次加工　114, 121, 127, 135, 154
日本　60, 74, 81, 84, 115, 117, 119, 122, 145, 159, 160, 167, 168
認証　27, 53, 179
熱帯低地（セルバ）　12, 65, 66
農企業　→　アグリビジネス
農業生産工程管理（GAP）　53, 54, 60, 179

農業投入財流通公社（ENCI）　150
農地改革　6, 15, 39
農務省動植物検疫局（APHIS）　74, 84

【は行】

配合飼料　112, 115, 119, 132, 144, 147, 150
ハイブリッド種子　41, 42, 46, 48, 50, 53, 179
バイヤー　105, 178, 179
端境期　7, 34, 36, 38, 43, 58, 59, 62, 177
ハサップ　→　HACCP
バチョコ社（Industria Bachoco）　128, 140, 141
パッカー　30
パッキング場　50, 52
バナナ　20, 62, 64, 66
ハラル認証　123
バリューチェーンの統合　4, 10, 13, 18, 24, 26, 52, 112, 167, 172
　　→インテグレーションも参照
非伝統的
　　──産品　63
　　──農産物輸出　6, 7
ピルグリムズ・プライド社（Pilgrim's Pride de México）　125, 128
ファストフード店　96, 105
フードサービス　4, 15, 20, 112, 115, 124, 136, 167, 172
フードシステム研究　18
フードチェーン研究　32
付加価値　4, 18, 25, 95, 108, 137, 172, 176
豚肉　29, 112, 122, 144, 146, 147
ブドウ　6, 14, 62, 64, 68, 74, 81
ブラジル　7, 8, 15, 112, 118, 120, 134, 140, 175, 177
ふ卵場　128, 130, 148, 162
プランテーション　20
ブロイラー　12, 14, 112, 119, 144, 175
　　→鶏肉も参照
　　──専用種　115, 132, 147, 148, 165
ブローカー　52, 56, 57

米国　6, 18, 28, 32, 36, 57, 59, 73, 115, 117, 121, 147, 168, 174
　──国際開発庁（USAID）　42
　──農務省（USDA）　28
ペルー　5, 8, 22, 34, 62, 88, 118, 130, 134, 144, 172
　──料理　95, 97
ペルジゴン社（Perdigão）　122, 124
貿易自由化　6, 7, 38, 173
ホールドアップ問題　32
ポテトチップス　95, 97

【ま行】

マンゴ　62, 64, 69, 74, 77
マンダリン・オレンジ　62, 64
ミニフンディオ　6
メキシコ　6, 8, 10, 36, 62, 112, 118, 127, 134
メルカド　→　小売市場
モジュラー型（moduler）　20, 23

【や行】

有機農産物　27, 66
輸出解禁手続き　81
養鶏生産者　29, 115, 124, 135, 137, 144, 165, 175

【ら行】

ラティフンディオ　5, 6
リスク
　──負担　24, 26, 27, 173
　価格変動──　26, 116, 117
　生産変動──　26, 116, 117
履歴管理　53
　→生産履歴も参照
リンゴ　6, 62
零細土地所有　→　ミニフンディオ
ロス種　150, 152

複製許可および PDF 版の提供について

　点訳データ，音読データ，拡大写本データなど，視覚障害者のための利用に限り，非営利目的を条件として，本書の内容を複製することを認めます（http://www.ide.go.jp/Japanese/Publish/reproduction.html）。転載許可担当宛に書面でお申し込みください。

　また，視覚障害，肢体不自由などを理由として必要とされる方に，本書のPDFファイルを提供します。下記のPDF版申込書（コピー不可）を切りとり，必要事項をご記入のうえ，販売担当宛ご郵送ください。折り返しPDFファイルを電子メールに添付してお送りします。

〒261-8545　千葉県千葉市美浜区若葉3丁目2番2
　日本貿易振興機構 アジア経済研究所
　研究支援部出版企画編集課　各担当宛

　ご連絡頂いた個人情報は，アジア経済研究所出版企画編集課（個人情報保護管理者－出版企画編集課長 043-299-9534）が厳重に管理し，本用途以外には使用いたしません。また，ご本人の承諾なく第三者に開示することはありません。

　　　　　　　　　　アジア経済研究所研究支援部　出版企画編集課長

PDF版の提供を申し込みます。他の用途には利用しません。

清水達也 著「ラテンアメリカの農業・食料部門の発展
　　　――バリューチェーンの統合――」【研究双書627】2017年

住所 〒

氏名：　　　　　　　　　　年齢：
職業：
電話番号：
電子メールアドレス：

清水　達也（アジア経済研究所 地域研究センター 主任調査研究員）

1968年岐阜県生まれ。1991年カンザス大学ジャーナリズム学部卒業，1995年アジア経済研究所開発スクール終了。1996年サセックス大学開発経済学修士課程修了。1997年アジア経済研究所入所。ペルー・パシフィコ大学調査研究所（CIUP）客員研究員（2000～2003年），ペルー社会科学研究所（CEPES）客員研究員（2011～2013年）。2015年千葉大学園芸学研究科博士後期課程修了，博士（農学）。

おもな著作
「ペルーにおけるファミリービジネスの経営者―世代交代と俸給経営者の進出―」（星野妙子・末廣昭編『ファミリービジネスのトップマネジメント―アジアとラテンアメリカにおける企業』岩波書店，2006年）；『変容する途上国のトウモロコシ需給―市場の統合と分離―』（編著，アジア経済研究所，2011年）；『ラテンアメリカの中小企業』（共著，アジア経済研究所，2015年）ほか。

ラテンアメリカの農業・食料部門の発展
――バリューチェーンの統合――　　研究双書No.627

2017年3月3日発行　　　　　　　定価［本体2500円＋税］

著　者　　清水達也

発行所　　アジア経済研究所
　　　　　独立行政法人日本貿易振興機構
　　　　　〒261-8545　千葉県千葉市美浜区若葉3丁目2番2
　　　　　研究支援部　　電話　043-299-9735
　　　　　　　　　　　　FAX　043-299-9736
　　　　　　　　　　　　E-mail syuppan@ide.go.jp
　　　　　　　　　　　　http://www.ide.go.jp

印刷所　　日本ハイコム株式会社

Ⓒ独立行政法人日本貿易振興機構アジア経済研究所 2017
落丁・乱丁本はお取り替えいたします　　　　　無断転載を禁ず
ISBN978-4-258-04627-0

「研究双書」シリーズ

(表示価格は本体価格です)

No.	タイトル・サブタイトル・編著者	年・頁・価格	内容
627	**ラテンアメリカの農業・食料部門の発展** バリューチェーンの統合 清水達也著	2017年 200p. 2,500円	途上国農業の発展にはバリューチェーンの統合がカギを握る。ペルーを中心としたラテンアメリカの輸出向け青果物やブロイラーを事例として,生産性向上と付加価値増大のメカニズムを示す。
626	**ラテンアメリカの市民社会組織** 継続と変容 宇佐見耕一・菊池啓一・馬場香織編	2016年 265p. 3,300円	労働組合・協同組合・コミュニティ組織・キリスト教集団をはじめ,ラテンアメリカでは様々な市民社会組織がみられる。コーポラティズム論や代表制民主主義論を手掛かりに,近年のラテンアメリカ5カ国における国家とこれらの組織の関係性を分析する。
625	**太平洋島嶼地域における国際秩序の変容と再構築** 黒崎岳大・今泉慎也編	2016年 260p. 3,300円	21世紀以降,太平洋をめぐる地政学上の大変動が起きている。島嶼諸国・ANZUS(豪,NZ,米)・中国などの新興勢力による三者間のパワーシフトと合縦連衡の関係について,各分野の専門家により実証的に分析。現代オセアニアの国際関係を考えるための必読書。
624	**「人身取引」問題の学際的研究** 法学・経済学・国際関係の観点から 山田美和編	2016年 164p. 2,100円	人身取引問題は開発問題の底辺にある問題である。国際的アジェンダとなった人身取引問題という事象を,法学,経済学,国際関係論という複数のアプローチから包括的かつ多角的に分析する。
623	**経済地理シミュレーションモデル** 理論と応用 熊谷聡・磯野生茂編	2015年 182p. 2,300円	空間経済学に基づくアジア経済研究所経済地理シミュレーションモデル(IDE-GSM)についての解説書。モデルの構造,データの作成,パラメータの推定,分析例などを詳説。
622	**アフリカの「障害と開発」** SDGs に向けて 森 壮也編	2016年 295p. 3,700円	「障害と開発」という開発の新しいイシューを,アフリカ大陸の5つの地域・国と域内協力について論じた。SDGsでアフリカの開発を念頭に置く際に,障害者たちの問題を取り残さないために必要な課題を整理。
621	**独裁体制における議会と正当性** 中国,ラオス,ベトナム,カンボジア 山田紀彦編	2015年 196p. 2,400円	独裁者(独裁政党)が議会を通じていかに正当性を獲得し,体制維持を図っているか。中国,ラオス,ベトナム,カンボジアの4カ国を事例に,独裁体制が持続するメカニズムの一端を明らかにする。
620	**アフリカ土地政策史** 武内進一編	2015年 275p. 3,500円	植民地化以降,アフリカの諸国家はいかに土地と人々を支配しようとしたのか。独立や冷戦終結は,その試みをどう変えたのか。アフリカの国家社会関係を考えるための必読書。
619	**中国の都市化** 拡張,不安定と管理メカニズム 天児慧・任哲編	2015年 173p. 2,200円	都市化に伴う利害の衝突がいかに解決されるかは,その都市または国の政治のあり方に大きく影響する。本書は,中国の都市化過程で,異なる利害がどのように衝突し,問題がいかに解決されるのかを政治学と社会学のアプローチで考究したものである。
618	**新興諸国の現金給付政策** アイディア・言説の視点から 宇佐見耕一・牧野久美子編	2015年 239p. 2,900円	新興諸国等において貧困緩和政策として新たな現金給付政策が重要性を増している。本書では,アイディアや言説的要因に注目して新たな政策の形成過程を分析している。
617	**変容する中国・国家発展改革委員会** 機能と影響に関する実証分析 佐々木智弘編	2015年 150p. 1,900円	中国で強大な権限を有する国家発展改革委員会。市場経済化とともに変容する機能や影響を制度の分析とケーススタディーを通じて明らかにする。
616	**アジアの生態危機と持続可能性** フィールドからのサステイナビリティ論 大塚健司編	2015年 294p. 3,700円	アジアの経済成長の周辺に置かれているフィールドの基層から,長期化する生態危機への政策対応と社会対応に関する経験知を束ねていくことにより,「サステイナビリティ論」の新たな地平を切り拓く。
615	**ココア共和国の近代** コートジボワールの結社史と統合的革命 佐藤 章著	2015年 356p. 4,400円	アフリカにはまれな「安定と発展の代名詞」と謳われたこの国が突如として不安定化の道をたどり,内戦にまで至ったのはなぜか。世界最大のココア生産国の1世紀にわたる政治史からこの問いに迫る,本邦初のコートジボワール通史の試み。
614	**「後発性」のポリティクス** 資源・環境政策の形成過程 寺尾忠能編	2015年 223p. 2,700円	後発の公共政策である資源・環境政策の後発国での形成を「二つの後発性」と捉え,東・東南アジア諸国と先進国を事例に「後発性」が政策形成過程に与える影響を考察する。